出るとこだけ！
中国語検定 準4級 合格一直線

GOKAKU ICCHOKUSEN

長澤文子・盧尤

まえがき

　私たちは10年以上前から教壇に立ち、中国語を教えてきました。現場において学習者と共に言語を勉強する喜びや苦労を共有しながら、よりわかりやすく効果的な教授法は何かと自問自答してきました。
　そうした、日々の授業の中で「中国語検定」の試験問題に触れるたびに思うことがあります。それは、中国語の「基礎・基本」であるゆえに試験で問われる、試験で問われるゆえに中国語の習得において必要不可欠である、ということです。

　本書の編纂にあたり、私たちは過去30回にわたって出題された筆記・リスニングの全試験問題を1問1問分析し、準4級試験で問われている「基礎・基本」を、「出題項目と出題頻度」という形で調べ上げました。これにより、準4級試験に「出るとこだけ」を集めた、非常に効率的に合格点を取ることができる対策本になったのではないか思います。
　また、どのように学習を進めていけばよいかよくわからないといった、学習を始めたばかりの方々でも利用しやすいように、過去問を出題形式ごとではなく、「文法項目」と「発音の特徴」ごとに整理し直しました。これにより文法や発音を体系的にとらえることも、また、苦手な部分を選び出して集中的に学習することも可能です。
　さらに、本書1冊で総合的な力をつけてほしいとの願いから、筆記とリスニング、単語練習を毎日バランスよく組み合わせ、15日間で学習し終わるように作りました。

　本書の刊行にあたって、アスク出版の由利真美奈さんには企画の段階から編集や校正に至るまで、多大なご協力をいただきました。心からお礼を申し上げます。

　最後になりましたが、皆さんが『中国語検定』という試験を中国語の学習に上手に活かし、そしてまた本書が皆さんの学習の一助となりますことを、心から願っております。

　　　　　　　　　　　　　　　　　　　　　2017年8月　　　　著者

Contents

まえがき……………………………………………………………………… 3
中国語検定試験について…………………………………………………… 7
中国語検定試験準4級の出題項目 ………………………………………… 9
本書の使い方・学習の進め方
　学習の効果的な進め方…………………………………………………… 10
　マークの見方……………………………………………………………… 13
　付属 CD-ROM の使い方………………………………………………… 13

　　　　　✏…筆記練習　　🎧…リスニング練習　　📣…単語練習

中国語の単語の3要素 ……………………………………………………… 14

着目点で分ける！　文法用語のグループ………………………………… 16

第 1 天　✏　名前と年齢 …………………………………………………… 18
　　　　 🎧　第1声と第3声 ……………………………………………… 22
　　　　 📣　単語トレーニング①……………………………………… 25

第 2 天　✏　"的"の用法 …………………………………………………… 26
　　　　 🎧　第2声と第4声 ……………………………………………… 30
　　　　 📣　単語トレーニング②……………………………………… 33

第 3 天　✏　疑問文① ……………………………………………………… 34
　　　　 🎧　軽声と2音節の声調聞き分け練習 …………………… 38
　　　　 📣　単語トレーニング③……………………………………… 41

第 4 天　✏　疑問文② ……………………………………………………… 42
　　　　 🎧　有気音と無気音① ……………………………………… 46
　　　　 📣　単語トレーニング④……………………………………… 49

第 5 天		介詞	52
		有気音と無気音②	56
		単語トレーニング⑤	59
第 6 天		時間詞	60
		声調と有気音・無気音の組み合わせ練習	64
		単語トレーニング⑥	67
第 7 天		能願動詞	68
		"-n" と "-ng" ①	72
		単語トレーニング⑦	75
第 8 天		副詞①	76
		"-n" と "-ng" ②	80
		単語トレーニング⑧	83
第 9 天		副詞②	84
		3つの顔を持つ "i"	88
		単語トレーニング⑨	91
第10天		量詞	94
		"zu" "cu" "su" と "zi" "ci" "si"	98
		単語トレーニング⑩	101
第11天		所有の "有"	102
		消える母音 "iou" "uei" "uen"	106
		単語トレーニング⑪	109
第12天		存在文	110
		"ü" の聞き分け	114
		単語トレーニング⑫	117

第13天	連動文	118
	"l" と "r"、"uo" と "ou"	122
	単語トレーニング⑬	125

確認しよう！ 4つの述語文 …… 126

第14天	形容詞述語文	128
	"h" と "f"、"e" と "u"	132
	単語トレーニング⑭	135

第15天	名詞述語文・主述述語文	136
	リスニング問題総合練習	140
	筆記単語ピンイン問題模擬テスト	144

模擬試験 …… 146

・・

簡体字道場	書き順で覚える！	27
	共通部分の形で覚える！	50
	書けそうで書けない字①	69
	書けそうで書けない字②	103

| 単語のひろば | ①親族名称 | 51 |
| | ②1日の動き | 92 |

単語トレーニング解答 …… 156
準4級 頻出単語 …… 170

ピンインと声調の表記について

・本書に記載したピンインは、原則として商務印書館『現代汉语词典』第6版（2012年発行）に拠っています。
・上記第6版において、声調つき・軽声のどちらでも読めるとされた単語は、中国語検定試験の過去問題に従った声調記号をつけています。
・ピンインの分かち書きは、中国語検定試験の過去問題に従っています。

中国語検定試験について

中国語検定試験とは

　一般財団法人日本中国語検定協会が実施している、中国語の学習成果を客観的に測るための検定試験です。日本国内では最も広く認知されている中国語資格であり、大学の単位認定や企業の人事考課にも、しばしば利用されています。

レベル認定基準

　レベル別に、簡単なものから準4級→4級→3級→2級→準1級→1級の6段階に分かれており、級別に受験して合否判定を受けます。

準4級の認定基準（日本中国語検定協会試験概要より）

中国語学習の準備完了／
学習を進めていく上での基礎的知識を身につけていること
（学習時間60～120時間、一般大学の第二外国語における第一年度前期修了、高等学校における第一年度通年履修、中国語専門学校・講習会等において半年以上の学習程度）

準4級試験概要

- 構　　成：リスニングと筆記の2部構成
- 試験時間：合計60分間（前半にリスニング、後半に筆記）
- 試験日程：3月・6月・11月（それぞれ第4日曜日）の年3回実施
- 試験会場：日本全国、および北京・上海・大連・西安・深圳・香港・台北・シンガポール
- 受 験 料：郵送3,100円　インターネット3,000円（いずれも税込）
- 受験手続：全国の書店、郵送、インターネットで申し込みが可能

（2017年8月時点）

詳細および最新情報は、下記にご確認ください。

一般財団法人　日本中国語検定協会®

〒103-8368　東京都中央区東日本橋2-28-5 協和ビル
電話：03-5846-9751　FAX：03-5846-9752
URL：http://www.chuken.gr.jp　Mail：info@chuken.gr.jp

準4級の試験問題概要

　基本単語約500語（簡体字を正しく書けること）、ピンイン（表音ローマ字）の読み方と綴り方、単文の基本文型、簡単な日常挨拶語約50～80語が出題されます。リスニングと筆記を合わせて60点を超えると合格となります。

リスニング問題（選択式）
　①発音問題：**1音節の聞き分け**／全5問、計10点
　　　　　　　　…放送を聞き、その発音を示すピンインを4つの中から選ぶ。
　　　　　　2音節の聞き分け／全5問、計10点
　　　　　　　　…問題用紙に示されているピンインの発音を、放送される4つの音声の中から選ぶ。
　　　　　　※日本語話者には聞き分けが難しい発音の聞き分けが試される。
　　　　　　単語の聞き取り／全5問、計10点
　　　　　　　　…問題用紙の日本語の単語を表す中国語を聞き取り、選ぶ。
　②日文中訳：**語句の聞き取り**／全5問、計10点
　　　　　　　　…数字等を表す基本の語句を聞き取り、選ぶ。
　　　　　　短文の聞き取り／全5問、計10点
　　　　　　　　…問題用紙に示されている、日常のさまざまな場面で使うのに最もふさわしい中国語を選ぶ。

筆記問題（選択式・一部記述式）
　③**発音（ピンイン表記）**／全5問、計10点
　　　　　　…見出し語の発音を表すピンインを選ぶ。
　　日文中訳：**空欄補充問題**／全5問、計10点
　　　　　　…空欄を埋めるのにふさわしい語句を選ぶ。
　　　　　　語順選択問題
　　　　　　　…正しい語順の文章を選ぶ。　　　　　　いずれか全5問、
　　　　　　語順整序問題　　　　　　　　　　　　計10点
　　　　　　　…選択肢を並び替えて正しい文章にし、
　　　　　　　　指定の位置に入るものを選ぶ。
　④日文中訳：**簡体字の書き取り問題**／記述式、全5問、計20点
　　　　　　…日本語の単語を中国語にし、簡体字で正しく書く。
　　　　　　　　　　　　（配点や問題の構成は、変更されることがあります）

中国語検定試験準4級の出題項目

出題項目と出題頻度

中国語検定試験準4級第62回～第92回の筆記過去問について「出題項目と出題頻度」を分析し、出題頻度に応じて文法項目を3つの段階に分けた結果が下記グラフです。

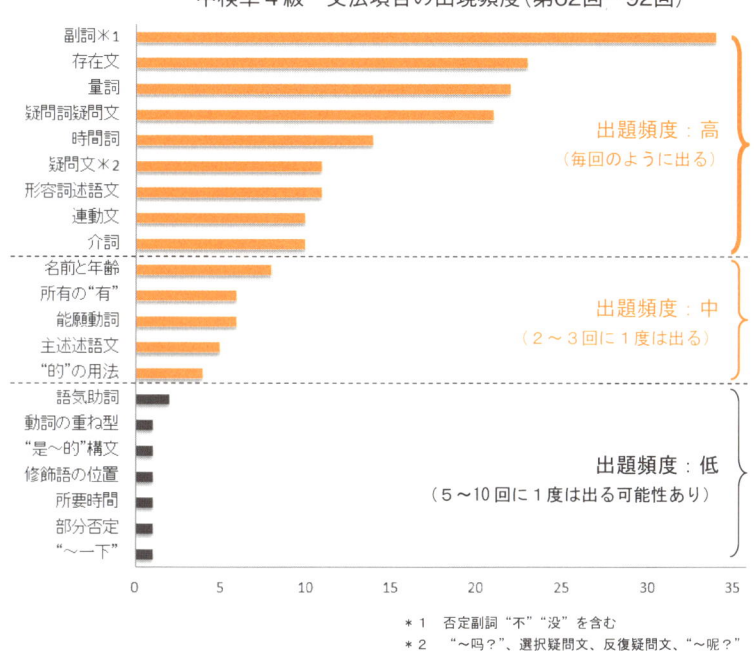

中検準4級　文法項目の出現頻度（第62回～92回）

＊1　否定副詞"不""没"を含む
＊2　"～吗？"、選択疑問文、反復疑問文、"～呢？"

これによると、毎回のように出題されている「出題頻度：高」の文法項目が、問題全体の7～8割を占めていることがわかります。これらを優先的に学習することによって、文法問題で確実に点を取ることができると言えます。

そこで本書では、出題頻度「高」「中」の文法事項に焦点を絞り込み、効率よく集中的に学習できるよう、解説および練習問題を作りました。

リスニングの発音問題でも、よく出題され、かつ誤答の多い発音には一定の傾向が見られます。それらを分析・分類し、15日間で苦手なポイントを徹底的にトレーニングできるように配置しました。

本書の使い方・学習の進め方

学習の効果的な進め方

1. 学習のはじめに

　準4級の試験では、「文」ではなく「単語」の書き取りや聞き分けが中心になります。まずp14～15の「中国語の単語の3要素」を読み、中国語の単語を覚えるということの意味とコツをつかんでから、筆記練習やリスニング練習を始めましょう。

2. 筆記練習

　はじめに「着目点で分ける！　文法用語のグループ」を読み、本書の文法項目の解説で用いられる用語について確認してください。

　第1～15天は、準4級で必要な、出題頻度が高い文法項目ごとに並んでいます。途中の「確認しよう！　4つの述語文」のページは、バラバラになりがちな知識を体系的に理解するために、ぜひ活用してください。

　1日の学習では、まず「解説と対策」をよく読んで、その日の学習のねらいを確認してから「ポイント！」に入っていきましょう。どこに重点を置いて学習すればよいのかがわかるので効果的です。「ポイント！」には練習問題を解くために必要な事項が記載されていますので、この部分を十分理解してから問題を解き始めるとよいでしょう。もし練習問題の途中でわからないことがあれば、「ポイント！」に戻って確認してください。また、「要チェック」には再度確認しておきたい事項や一歩進んだ内容の解説などが書かれていますので、ぜひ目を通してみて

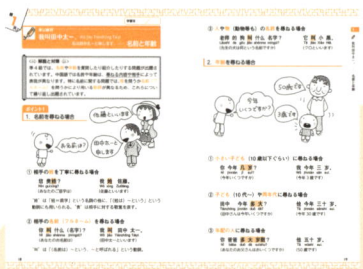

「解説と対策」および「ポイント！」解説。よく読んで練習問題へ！

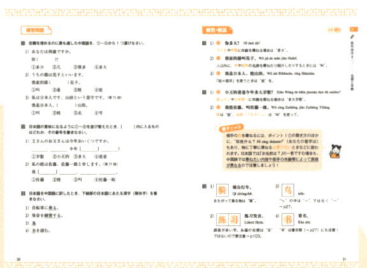

練習問題の解答と解説は、音声を聞きながらよく読もう。

ください。なお、練習問題の解答にも音声がついています。

さらに、練習問題の最後に「簡体字の書き取り」を加えました。「簡体字の書き取り」は筆記問題計50点のうち、20点を占めます。本書では過去に出題された簡体字を集め、さらに学習者が間違いやすい注意点なども一つ一つ指摘していますので、よく確認して正確に覚えましょう。

3．リスニング練習

リスニング試験は「音節の聞き分け」と「単語・語句・短文の聞き取り」から構成されています。本書では、正しく発音できることがリスニング上達への近道であるという考えに基づき、「声調」、「有気音と無気音」、「"-n"と"-ng"」など、発音の注意点ごとに練習問題を用意しました。

筆記練習と同様に、まず「解説と対策」をよく読んで学習のねらいを把握してから、「ポイント！」「練習問題」へと進みましょう。「ポイント！」では発音や聞き分けのコツを解説するだけでなく、音声もついていますので、よく聞いて自分でも発音しながら「音」の特徴をつかんでください。練習問題の音声は、繰り返し再生しやすいように、一部を除き1問1トラックに収録しています。各問2回ずつ収録していますので、慌てずに聞き取りましょう。

第6天では、それまでに学習した内容の復習と弱点のチェックのために、復習問題を設けました。さらに、最後の第15天は「総合練習」として、試験形式で出題しています。学習の成果を試してみましょう。

「場面の一言」では「短文の聞き取り」対策として、日常の様々な場面でのフレーズを聞き取る練習をします。場面を説明するいろいろな日本語の言い回しに慣れながら、1日1フレーズ、確実に覚えていきましょう。

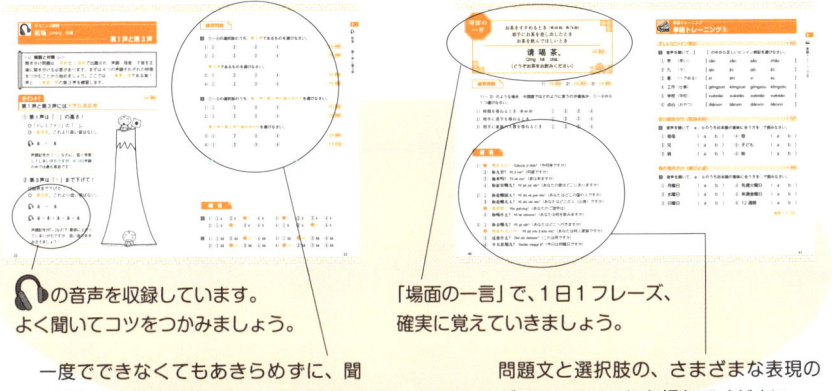

🎧 の音声を収録しています。よく聞いてコツをつかみましょう。
一度でできなくてもあきらめずに、聞き取れるまで繰り返し聞いてください。

「場面の一言」で、1日1フレーズ、確実に覚えていきましょう。
問題文と選択肢の、さまざまな表現のバリエーションにも慣れてください。

なお、学習者が陥りやすい「半3声が上がってしまう」という問題点を考慮して、本書の音声ではすべての第3声を、できる限り低く抑えて発音しています。

4. 単語トレーニング

筆記の「ピンイン表記」問題と、リスニングの「単語・語句の聞き取り」対策として、「単語トレーニング」のページを設けました。

①の「ピンイン表記」を覚える問題では、「音」と共にピンイン表記を覚えましょう。②と③は日本語を見ながら2つの音を「聞き分ける」練習です。数字や紛らわしい単語、フレーズの聞き分け練習をします。音声は1問につき1回ずつ、大問ごとに1トラックに収録しています。問題に答えるだけでなく、音声を聞きながらp156からの解答を単語集代わりに何度も読むことで、語彙数も飛躍的に伸びるでしょう。

第15天は、実際の筆記の試験形式にしたがい、音声がない状態で正しいピンイン表記を選ぶ形式としました。正確にピンイン表記を覚えているかどうか、腕試しとしてチャレンジしてください。

5. 簡体字道場

簡体字を正しく書く力をさらに強化するため、練習問題とは別に、準4級の試験でよく取り上げられる簡体字を、「共通の部分・書き順・日本語の字との違い」などに着目して特別にとり上げ、まとめました。「簡体字の書き取り」練習のときにも是非活用し、正しく書けるようになるまで繰り返し練習してください。

6. 単語のひろば

準4級試験でよくとり上げられる単語を目で見て楽しく覚えられるよう、イラストを使って解説したページです。イラストのイメージがより単語学習を助けてくれるでしょう。ぜひ肩の力を抜いて、リラックスしてこのページを楽しんでみてください。

7. 模擬試験

1回分を掲載しています。リスニングの音声は試験の形式にしたがい、1問につき3回、1問1トラックに収録しています。筆記の解答にも音声をつけました。

8. 頻出単語

準4級試験で頻出の単語を180個厳選しました。音声を聞きながら確実に覚えていきましょう。

マークの見方

| 学習日 | **学習日**…学習した日付を記入して、進捗状況を確認しましょう。 |

解説と対策　**解説と対策**…この日に学習する項目の概要と出題傾向、問題を解くコツを説明しています。学習のねらいが一目でわかります。

ポイント！　**ポイント！**…文法（筆記）と発音聞き分け（リスニング）のポイント、および出題傾向の詳細な解説です。色文字が特に大切なポイントなので、集中して覚えましょう。

 **要チェック！**…理解をより一層深めるための、プラスアルファの情報です。

CD 000　**CDトラック番号**…リスニング練習と単語トレーニングは、付属CD-ROMを聞いて取り組みましょう。

做 / 干　**スラッシュ**…言い換えができる言葉や文章。
（現在）　**カッコ**…入れても入れなくても、どちらでも使える言葉。

付属CD-ROMの使い方、音声ダウンロードについて

　このCD-ROMには、全338トラック、約4時間の音声を、MP3形式で収録しています。一般の音楽CDプレーヤーでの再生はできません。下記の手順でパソコンや携帯音楽プレーヤーに取り込んで再生してください。

> 【再生手順】※パソコンや音楽再生ソフトの使用方法は、それぞれの取扱説明書、ヘルプ等を参照してください。
> ①付属CD-ROMをパソコンにセットする。
> ②CD-ROMを開き、中身をフォルダごとパソコンにコピーする。
> ③②でコピーした音声ファイルを音楽再生ソフト（Windows Media® PlayerやiTunes®等）に取り込む。
> ④パソコンで再生する。または携帯音楽プレーヤーに転送し、再生する。

　また、オーディオブック配信サービス「Febe!」アプリを利用して、CD-ROM収録の全音声を、スマートフォンへダウンロードすることもできます。
　　詳しくは**「アスクの中国語」**サポートサイト
　　http://www.ask-support.com/chinese/
　　から、「Febe!対応書籍一覧」をご覧ください。
　　Febe!ダウンロードシリアル番号：78647

★付属CD-ROMの使用方法、音声ダウンロードの方法等のお問合せは、巻末P.176に記載の、「アスクユーザーサポートセンター」までお気軽にお問合せください。

中国語の単語の3要素

英語の単語を覚えるときに、「important、important、important…」と繰り返し紙に書いて勉強した人は、きっと少なくないと思います。同じように「中国語の単語」を覚えるには…どうしたらよいでしょうか？

中国語の単語は、「ローマ字式綴り」「声調」「簡体字」という3つの要素（ローマ字式綴りと声調を合わせて「ピンイン」と呼ぶ）からできており、それぞれが単語を構成する重要な要素となっています。ですから「中国語」という単語

要素1　ローマ字式綴り

中国語のローマ字式綴りは、英語で使うローマ字とは異なるところがあるため、間違ってしまう人が少なくありません。

ローマ字式綴り＝発音のルールなので、この綴りを見ただけで、「有気音・無気音の違い」「"-n"と"-ng"」「消える母音」等、発音に関するさまざまなルールがわかります。

正確に発音できることは、リスニング力アップへの近道でもあります。綴りを見たら正しく発音できるように、ルールを正確に覚えましょう。

を覚えるには、"Hanyu"＋"第四声＋第三声"＋"汉语" という3つの要素全てを覚える必要があります。なかでも音の高さの上がり下がりである「声調」を、記憶だけを頼りに書いて覚えることは、それほど簡単ではありません。そこで重要になるのが、聞きながら覚えることです。

本書ではリスニング問題のみならず、筆記や単語問題にも音声をつけました。これらの「音」を上手く活用し、効果的に記憶の定着を図ってください！

要素2　声調

中国語では1つの音節ごとに、「音の高さ」の上がり下がりである声調がついています。第1声、第2声、第3声、第4声の4パターンがあるため「四声」とも呼ばれています。

四声にはそれぞれはっきりした特徴があるので、音声を繰り返し聞いて、自分でも発音しながら、これらの特徴をつかみましょう。

要素3　簡体字

中国大陸で使われる漢字は簡体字と呼ばれ、日本語と同じ字や、よく似ているのに微妙に異なる字、明らかに異なる字等があります。うっかり見落としてしまいがちな日本語との違いが、試験でもよく出題されていますので、実際に何度も書いて確認しながら覚えましょう。

着目点で分ける！　文法用語のグループ

　今ここに様々なところから集まった100人がいたとします。この100人をいくつかのグループに分けるには、いくつもの方法があります。例えば「身長」に着目して、150〜160cmの人たちをⅠグループ、160〜170cmをⅡグループ、同様にしてⅢグループ、Ⅳグループ…と4つに分ける場合。「出身地」に着目し、関東出身者はAグループ、関西はBグループ、東北はCグループ、中部は…などと7つに分ける場合。このように、同じメンバーでも着目する点によって、グループ数もグループ内の顔ぶれも違います。

　同じように、中国語を品詞に着目して分けた場合、名詞グループ、動詞グループ、形容詞グループなど12グループに分けられます。また、文中での働きに

品詞に着目して分けた12グループ

1. **名詞**グループ……………　学校　面包　今天　中国　后边　上
   - 注　時間詞は名詞の一種とされます
2. **動詞**グループ……………　有　是　吃　喜欢　来　做　买
   - **能願動詞**（助動詞）：想　要
   - 注　能願動詞は動詞の一種とされます
3. **形容詞**グループ…………　好　贵　漂亮　早　高兴　远
4. **数詞**グループ……………　一　三　十二　一百　两千
5. **量詞**（助数詞）グループ………　个　支　本　张　把
6. **代詞**（代名詞）グループ………
   - 人称代詞：我　你　她　他们
   - 疑問代詞（疑問詞）：什么　哪儿　谁　怎么
   - 指示代詞：这　这儿　那　那里
7. **副詞**グループ……………　很　也　太　再　不　没(有)
8. **介詞**（前置詞）グループ………　在　跟　和　比
9. **連詞**（接続詞）グループ………　可是 kěshì　因为 yīnwei　所以 suǒyǐ
10. **助詞**グループ……………　的　吧　吗　呢　了
11. **感嘆詞**グループ…………　喂 wèi　噢 ō　哎呀 āiyā
12. **擬声語**グループ…………　哈哈 hāhā　汪汪 wāngwāng

着目した場合には、主語グループ、述語グループ、目的語グループなど合わせて6グループに分けることができます。

　学習を進めていく途中で、例えば名詞と目的語の違いを考えるなど、異なる着目点で分けたグループ同士を比べたりする人が少なくありません。中国語では日本語文法にない用語も登場するため、各々の用語が何に着目したグループなのか、グループ内には他にどんな仲間がいるのか、といった視点で学習を進めましょう。また、学習の途中でわからない言葉等に出会った時にも、このページに戻って繰り返し確認してください。

文中での働きに着目して分けた6グループ

1．主語グループ
2．述語グループ
3．目的語グループ
4．連体修飾語グループ
5．連用修飾語グループ
6．補語グループ

例：**我明天去爸爸的公司。**（私は明日父の会社へ行く）
　　Wǒ míngtiān qù bàba de gōngsī.

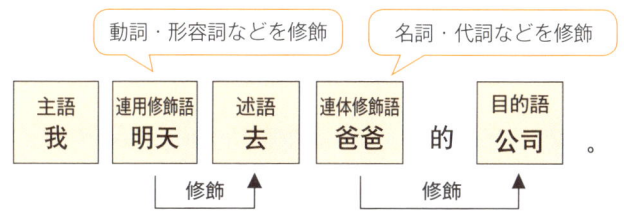

学習日　／

筆記練習
我叫田中太一。Wǒ jiào Tiánzhōng Tàiyī.
私は田中太一と申します。…… 名前と年齢

> **解説と対策**
> 準4級では、名前や年齢を質問したり紹介したりする問題が出題されています。中国語では名前や年齢は、尋ねる内容や相手によって表現が異なります。特に名前に関する問題では、姓を問うか名前（フルネーム）を問うかにより用いる動詞が異なるため、これらについて繰り返し出題されています。

ポイント！
1. 名前を尋ねる場合

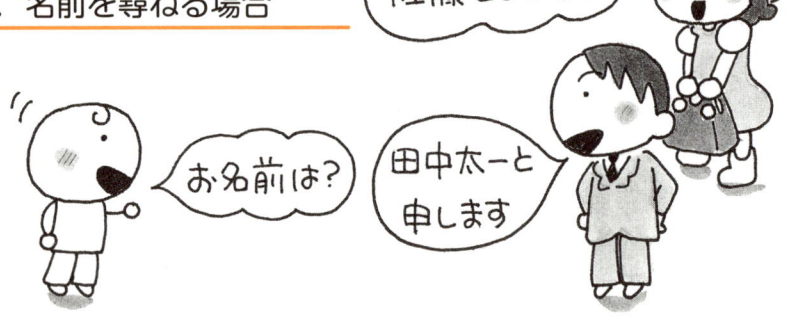

① 相手の姓を丁寧に尋ねる場合

您 贵姓？　　　　　　　　我 姓 佐藤。
Nín guìxìng?　　　　　　 Wǒ xìng Zuǒténg.
（あなたのご苗字は）　　　（佐藤といいます）

"姓"は「姓＝苗字」という名詞の他に、「（姓は）～という」という動詞にも用いられる。"贵"は相手に対する敬意を表す。

② 相手の名前（フルネーム）を尋ねる場合

你 叫 什么（名字）？　　　我 叫 田中 太一。
Nǐ jiào shénme (míngzi)?　 Wǒ jiào Tiánzhōng Tàiyī.
（あなたのお名前は）　　　（田中太一といいます）

"叫"は「（名前は）～という、～と呼ばれる」という動詞。

③ 人や物（動物等も）の名前を尋ねる場合

老师 的 狗 叫 什么 名字？
Lǎoshī de gǒu jiào shénme míngzi?
（先生の犬は何という名前ですか）

它 叫 小 黑。
Tā jiào Xiǎo Hēi.
（クロといいます）

2. 年齢を尋ねる場合

① 小さい子ども（10歳以下ぐらい）に尋ねる場合

你 今年 几 岁？
Nǐ jīnnián jǐ suì?
（今年いくつですか）

我 今年 三 岁。
Wǒ jīnnián sān suì.
（今年3歳です）

② 子ども（10代〜）や同年代に尋ねる場合

田中 今年 多 大？
Tiánzhōng jīnnián duō dà?
（田中さんは今年いくつですか）

他 今年 三十 岁。
Tā jīnnián sānshí suì.
（今年30歳です）

③ 年配の人に尋ねる場合

你 爸爸 多 大 岁数？
Nǐ bàba duō dà suìshu?
（あなたのお父さんはおいくつですか）

他 五十 岁。
Tā wǔshí suì.
（50歳です）

練習問題

1 空欄を埋めるのに最も適した中国語を、①～④から1つ選びなさい。

1) あなたは何歳ですか。
 你（　　　）?
 ①多少　　②几　　③很多　　④多大

2) うちの猫は花子といいます。
 我家的猫（　　　）花子。
 ①叫　　②很　　③姓　　④说

3) 私は日本人です、山田という苗字です。（第71回）
 我是日本人，（　　　）山田。
 ①叫　　②姓　　③名　　④号

2 日本語の意味になるように①～④を並び替えたとき、[　　]内に入るものはどれか、その番号を書きなさい。

1) 王さんのお父さんは今年おいくつですか。
 ＿＿＿＿　＿＿＿＿　今年［＿＿＿＿］＿＿＿＿?
 ①岁数　　②小王的　　③多大　　④爸爸

2) 私の姓は佐藤、佐藤一郎と申します。（第77回）
 我［＿＿＿＿］＿＿＿＿，＿＿＿＿　＿＿＿＿。
 ①佐藤　　②姓　　③叫　　④佐藤一郎

3 日本語を中国語に訳したとき、下線部の日本語にあたる漢字（簡体字）を書きなさい。

1) 自転車に乗る。
2) 発音を練習する。
3) 鳥
4) 本を読む。

解答・解説

1 1) ❹ **你多大？** Nǐ duō dà?
子どもや同輩に年齢を尋ねる場合は"多大"。

2) ❶ **我家的猫叫花子**。Wǒ jiā de māo jiào Huāzǐ.
人以外に、物や動物の名前を尋ねたり紹介したりするときには"叫"。

3) ❷ **我是日本人，姓山田**。Wǒ shì Rìběnrén, xìng Shāntián.
「姓＝苗字」を言うときは"姓"を。

2 1) ❸ **小王的爸爸今年多大岁数？** Xiǎo Wáng de bàba jīnnián duō dà suìshu?
目上の人やお年寄りに年齢を尋ねる場合は"多大岁数"。

2) ❷ **我姓佐藤，叫佐藤一郎**。Wǒ xìng Zuǒténg, jiào Zuǒténg Yīláng.
姓は"姓"、名前（フルネーム）は"叫"を使って。

要チェック

相手の姓を尋ねるには、「ポイント！」1①の"您贵姓？"のほかに、"你姓什么？Nǐ xìng shénme?"（あなたの苗字は）もあり、特に丁寧に尋ねる必要がないときなどに使われます。日本語では「お名前は？」の一言ですむ場合も、中国語では尋ねたい内容や相手の年齢等によって表現が異なるので注意しましょう！

3 1)  **骑自行车**。
Qí zìxíngchē.
またがって乗る物は"骑"。

2)  **练习发音**。
Liànxí fāyīn.
誤答が多い字。糸偏の右側は"东"ではないので要注意→p103。

3) niǎo
"勹"の中は"灬"ではなく"一"→p27。

4) **看书**。
Kàn shū.
書き順にも注意！→p27

我叫田中太一。……名前と年齢

リスニング練習
机场 jīchǎng 空港

第1声と第3声

> **解説と対策**
> 聞き分け問題は1音節と2音節で出題され、声調・母音・子音を正確に聞き分ける必要があります。まずは4つの声調それぞれの特徴をつかむことから始めましょう。ここでは、一番高い音である第1声と、一番低い音の第3声を練習します。

ポイント！
第1声と第3声には大きな高低差

CD 002

① 第1声は「ソ」の高さ！

◎「ドレミファソ」の「ソ」。
◎一番高音。これより高い音はない。

🎧 ā － ā

> 声調記号が「ー」なのに、低く発音してしまいがちですが、4つの声調の中では最も高音です！

② 第3声は「ド」まで下げて！

◎限界まで下げた「ド」。
◎一番低音。これより低い音はない。

🎧 ǎ － ǎ

🎧 ā－ǎ－ā－ǎ－ā

> 声調記号が「ˇ」なので、最後に上がってしまいがちですが、低い音のままおさえましょう！

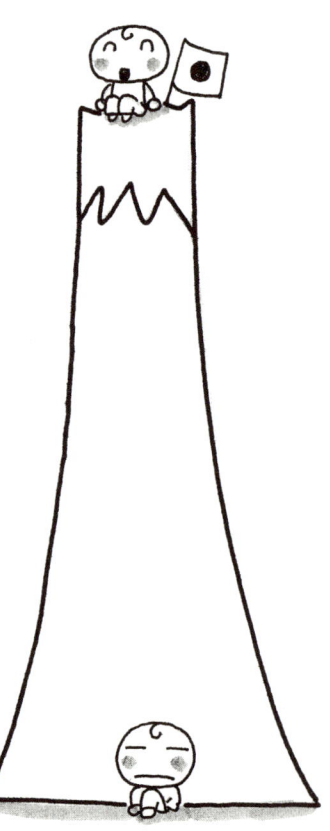

練習問題

1 ①～④の選択肢のうち、第1声であるものを選びなさい。

1) ① ② ③ ④　　　CD 003
2) ① ② ③ ④　　　CD 004

第3声であるものを選びなさい。

3) ① ② ③ ④　　　CD 005
4) ① ② ③ ④　　　CD 006

2 ①～④の選択肢のうち、第1声＋第3声の組み合わせを選びなさい。

1) ① ② ③ ④　　　CD 007
2) ① ② ③ ④　　　CD 008

第3声＋第1声の組み合わせを選びなさい。

3) ① ② ③ ④　　　CD 009
4) ① ② ③ ④　　　CD 010

解　答

1 1) ① á　② à　❸ ā　④ ǎ　　3) ❶ ǎ　② ā　③ à　④ á
　　2) ① à　❷ ā　③ á　④ ǎ　　4) ① ā　② á　❸ ǎ　④ à

2 1) ① àǎ　② àá　❸ āā　④ āà　　3) ① ǎà　❷ ǎā　③ āā　④ áà
　　2) ① āā　❷ āǎ　③ āá　④ àá　　4) ❶ ǎā　② àā　③ áá　④ àà

場面の一言

"对不起"と言われたとき（第63回）
謝られたとき（第69回）
相手が謝ったとき（第76回）

没 关系！
Méi guānxi!
（どういたしまして／構いません）

さまざまな場面における「あいさつ言葉」を選ぶ問題では、上記のように「"对不起"と言われたとき」「相手が謝ったとき」など日本語の問題文にいろいろなバリエーションがあり、「えっ、これは中国語で何と言うの?!」と迷ってしまいます。しかし4つの選択肢のうち、正解以外の3つは明らかに違うものなので、落ち着いて聞けばわかります！

練習問題　　　　　　　　　1) CD 012　2) CD 013

1)～2)のような場合、中国語ではどのように言うのが適当か、①～④から1つ選びなさい。

1) 謝るとき（第70回）　　　　①　②　③　④
2) 初めて会ったとき　　　　　①　②　③　④

解　答

1) ①　**不客气！**　Bú kèqi!（どういたしまして）
　❷　**对不起！**　Duìbuqǐ!（ごめんなさい）
　③　**哪里，哪里！**　Nǎli, nǎli!（とんでもない／どういたしまして）
　④　**没关系！**　Méi guānxi!（どういたしまして／構いません）

2) ❶　**您贵姓？**　Nín guìxìng?（あなたのご苗字は）
　②　**好久不见！**　Hǎojiǔ bú jiàn!（お久しぶりです）
　③　**我走了。**　Wǒ zǒu le.（私は（もう）行きます／出かけます／帰ります）
　④　**麻烦您！**　Máfan nín!（お手数をおかけします）

単語トレーニング①

正しいピンイン選択　　　CD 014

1 音声を聞いて、【　】の中から正しいピンイン表記を選びなさい。

① 喝（飲む）　　【 hū　　hē　　hú　　hé 】
② 书（本）　　　【 xiū　　xū　　shōu　　shū 】
③ 看（見る）　　【 kān　　gān　　kàn　　gàn 】
④ 学习（学習する）【 xiéxí　　xuéxí　　xiéxǐ　　xuéxǐ 】
⑤ 地铁（地下鉄）【 tìtiě　　tìtiē　　dìtiě　　dìtiē 】
⑥ 中午（正午）　【 zòngwù　　zhòngwù　　zōngwǔ　　zhōngwǔ 】

音の聞き分け（"上~"と"下~"①）　　CD 015

2 音声を聞いて、a、bのうち日本語の意味に合う方を○で囲みなさい。

① 机の上　　　（ a　b ）　　④ 上の方　　　　（ a　b ）
② 地下　　　　（ a　b ）　　⑤ 階段を下りる　（ a　b ）
③ 階下　　　　（ a　b ）　　⑥ 下車する　　　（ a　b ）

音の聞き分け（人数）　　CD 016

3 音声を聞いて、a、bのうち日本語の意味に合う方を○で囲みなさい。

① 学生1人　　（ a　b ）　　④ 妹4人　　　　（ a　b ）
② 家族2人　　（ a　b ）　　⑤ 母親5人　　　（ a　b ）
③ 友達3人　　（ a　b ）　　⑥ 6人の客　　　（ a　b ）

解答⇒ p156

要チェック

"-n"と"-ng"の区別で迷ったら……

その漢字を日本語で音読みしたとき、「ん」で終わる漢字は"-n"、
「い」か「う」で終わる漢字は"-ng"の発音になります。
　例 「ん」で終わる漢字：音（おん）→ yīn
　　　「い・う」で終わる漢字：生（せい）→ shēng　城（じょう）→ chéng

 筆記練習

那是弟弟的自行车。 Nà shì dìdi de zìxíngchē.
あれは弟の自転車です。……"的"の用法

解説と対策
「弟の自転車」「母が作った料理」のように、名詞を修飾する場合、中国語では助詞"的"が必要です。日本語の「の」＝"的"と考えがちですが、「母が作った料理」のように「の」がない場合でも"的"が必要なので要注意です！

ポイント！

1. 語順

日本語と同じく、前から名詞を修飾する。

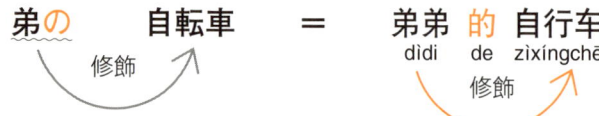

2. 注意点

「弟の」のように「の」がついている場合だけでなく、ついていない場合にも、名詞を修飾するときには"的"が必要！

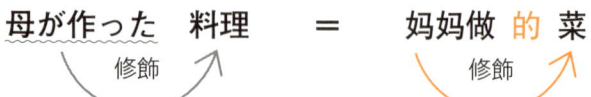

这 是 妈妈 做 的 菜。
Zhè shì māma zuò de cài.
（これは母が作った／作る料理です）

"的"を入れず"妈妈做菜"とすると、「母が料理する」というように全く違う意味になってしまいます。

簡体字道場

書き順で覚える！

马 (馬) 　フ 马 马

门 (門) 　丶 冂 门

书 (書) 　フ ⇁ 书 书

长 (長) 　ノ 一 卡 长

车 (車) 　一 七 컫 车

东 (東) 　一 七 左 东 东

乐 (樂) 　⌐ 一 乐 乐 乐

头 (頭) 　丶 丷 二 头 头

鸟 (鳥) 　ノ 勹 勺 鸟 鸟

2 那是弟弟的自行车。……"的"の用法

練習問題

1 空欄を埋めるのに最も適した中国語を、①〜④から1つ選びなさい。

1) あれは王さんの辞書です。（第70回）

   那是小王（　　　）词典。

   ①得　　②都　　③的　　④也

2) これは誰のシャープペンですか。

   这是谁（　　　）自动铅笔?

   ①支　　②的　　③个　　④都

2 日本語の意味に合う中国語を、①〜④の中から1つ選びなさい。

1) これは私が買った服です。（第72回）

   ①这是我的买衣服。　　　②这衣服买的是我。

   ③这是我买的衣服。　　　④这衣服买是我的。

2) あれは私が書いた中国語ではありません。

   ①那不是我的写汉语。　　②那不是我写的汉语。

   ③那汉语我不是写的。　　④那汉语写的不是我。

3 日本語を中国語に訳したとき、下線部の日本語にあたる漢字（簡体字）を書きなさい。

1) <u>パソコン</u>

2) <u>昼ご飯</u>を<u>食べる</u>。

3) <u>風</u>が吹く。

4) <u>コーヒー</u>を飲む。

解答・解説

CD 017

1 1) ❸ **那是小王的词典**。Nà shì Xiǎo Wáng de cídiǎn.

「王さんの辞書」は"小王的词典"。"得"は動詞や形容詞と補語を結びつける。"都""也"はともに副詞→ p76。

2) ❷ **这是谁的自动铅笔？** Zhè shì shéi de zìdòng qiānbǐ?

「誰のシャープペン」は"谁的自动铅笔"。"支"や"个"はともに量詞→ p95。

2 1) ❸ **这是我买的衣服**。Zhè shì wǒ mǎi de yīfu.

①と答えてしまった人が少なくなかった問題。「私が買った」が「服」を修飾しているので、"的"は"我买"と"衣服"の間に。「これは~です」は"这是~"。

2) ❷ **那不是我写的汉语**。Nà bú shì wǒ xiě de Hànyǔ.

「あれは~ではありません」は"那不是~"。「私が書いた中国語」は「私が書いた」が「中国語」を修飾しているので"我写的汉语"。

> **要チェック**
>
> 日本語の「の」がついていない場合でも"的"は必要ですが、逆に次のような場合には、「の」があっても通常"的"は省略されます。
> 「人称代詞"我、你、他们"等＋人間関係や所属組織」
> 例："我弟弟 wǒ dìdi"（私の弟）"你朋友 nǐ péngyou"（あなたの友達）"他们学校 tāmen xuéxiào"（彼らの学校）

3 1)  diànnǎo

"电"は頻出。"脑"は月偏の右側に注意。

2) **吃午饭**。Chī wǔfàn.

「食べる」は"吃"。

3) 风 **刮风**。Guā fēng.

"几"の中に注意。

4)  **喝咖啡**。Hē kāfēi.

間違いが多い字。日本語「珈琲」との違いに気をつけて！

リスニング練習

邮票 yóupiào　切手

第2声と第4声

◇ 解説と対策 ◇

第2声はびっくりしたときに大げさに「え〜っ?!」という声に、第4声はカラスの「カァー、カァー」という鳴き声に似ています。第2声のような発音は日本語には少なく、苦手とする人が多いようです。それぞれの音の上がり下がりの特徴を聞き取りましょう。

ポイント！　　　　　　　　　　　　　　　CD 018

第2声は下から上に、第4声は上から下に

① **第2声は低いところから始め、一気に上がる**

◎下から上への、音の高低差を意識する。

🎧 á - á

> 始めを高くしすぎると上がりきれないので、低いところから一気に上げましょう。

② **第4声は高いところから始め、一気に下がる**

◎上から下への、音の高低差を意識する。

🎧 à - à

🎧 á - à - á - à - á

30

練習問題

1 ①〜④の選択肢のうち、第2声であるものを選びなさい。

1) ① ② ③ ④　　　　　　　　　　　CD 019
2) ① ② ③ ④　　　　　　　　　　　CD 020

第4声であるものを選びなさい。

3) ① ② ③ ④　　　　　　　　　　　CD 021
4) ① ② ③ ④　　　　　　　　　　　CD 022

2 ①〜④の選択肢のうち、第2声＋第4声の組み合わせを選びなさい。

1) ① ② ③ ④　　　　　　　　　　　CD 023
2) ① ② ③ ④　　　　　　　　　　　CD 024

第4声＋第2声の組み合わせを選びなさい。

3) ① ② ③ ④　　　　　　　　　　　CD 025
4) ① ② ③ ④　　　　　　　　　　　CD 026

解答

1 1) ①à ②ā ❸á ④ǎ　　3) ①ǎ ②ā ③á ❹à
　　2) ①ǎ ②ā ③à ❹á　　4) ❶à ②ǎ ③ā ④á

2 1) ①āá ❷áà ③ǎà ④àà　　3) ❶àá ②àà ③àā ④àà
　　2) ①àā ❷áà ③àǎ ④āā　　4) ①āā ②āá ❸àá ④àā

場面の一言

部屋の中にいてドアをノックする音が聞こえたとき（第62回）
部屋に招き入れるとき（第70回）
誰かがノックしたとき（第77回）

请 进！
Qǐng jìn!
（どうぞお入りください）

このような場面では、"谁？"（誰？）と尋ねる可能性もありますが、"谁？" と "请进！" が同時に選択肢に含まれることはありません。

練習問題

1) CD 028　2) CD 029　3) CD 030

1)〜3) のような場合、中国語ではどのように言うのが適当か、①〜④から1つ選びなさい。

1) 値段を尋ねるとき（第63回）　①　②　③　④
2) 久しぶりに会ったとき　①　②　③　④
3) 漢字の読み方を尋ねるとき　①　②　③　④

解 答

1) ① **你多大了？** Nǐ duō dà le?（あなたは何歳になりましたか）
   ❷ **多少钱？** Duōshao qián?（いくらですか）
   ③ **几月几号？** Jǐ yuè jǐ hào?（何月何日ですか）
   ④ **几点了？** Jǐ diǎn le?（何時になりましたか）

2) ❶ **好久不见了。** Hǎojiǔ bú jiàn le.（お久しぶりです）
   ② **认识你很高兴。** Rènshi nǐ hěn gāoxìng.（あなたと知り合えてうれしいです）
   ③ **不好意思。** Bù hǎoyìsi.（申し訳ない）
   ④ **请多多关照。** Qǐng duōduō guānzhào.（どうぞよろしくお願いします）

3) ① **你买几个？** Nǐ mǎi jǐ ge?（あなたはいくつ買いますか）
   ② **今天几月几号？** Jīntiān jǐ yuè jǐ hào?（今日は何月何日ですか）
   ❸ **这个字怎么念？** Zhège zì zěnme niàn?（この字はどう読みますか）
   ④ **他说什么？** Tā shuō shénme?（彼は何と言っていますか）

単語トレーニング②

正しいピンイン選択　CD 031

1 音声を聞いて、【　】の中から正しいピンイン表記を選びなさい。

① 买　（買う）　【 māi　　mái　　mǎi　　mài 】
② 写　（書く）　【 xiē　　xiě　　xiā　　xiǎ 】
③ 菜　（料理）　【 zài　　sài　　cài　　chài 】
④ 睡觉（寝る）　【 shuìjiào　suìjiào　shuíjiào　suíjiào 】
⑤ 老师（先生）　【 lǎosí　　lǎosī　　lǎoshí　　lǎoshī 】
⑥ 电话（電話）　【 tiànfà　　tiánhuà　　diànhuà　　diànfà 】

音の聞き分け（"上～"と"下～"②）　CD 032

2 音声を聞いて、a、bのうち日本語の意味に合う方を○で囲みなさい。

① 午前　　　　　（ a　b ）　　④ 来月　　　　　　（ a　b ）
② 先週　　　　　（ a　b ）　　⑤ 授業が始まる　　（ a　b ）
③ 前回　　　　　（ a　b ）　　⑥ 仕事が終わる　　（ a　b ）

音の聞き分け（数と年齢）　CD 033

3 音声を聞いて、a、bのうち日本語の意味に合う方を○で囲みなさい。

① 44　　　　　　（ a　b ）　　④ 2歳　　　　　　（ a　b ）
② 105　　　　　 （ a　b ）　　⑤ 20歳　　　　　 （ a　b ）
③ 1700　　　　　（ a　b ）　　⑥ 67歳　　　　　 （ a　b ）

解答⇒ p157

 筆記練習

小李什么时候去？ Xiǎo Lǐ shénme shíhou qù?
李さんはいつ行きますか。…… 疑問文①

> 🌸 解説と対策 🌸
> 中国語の主な疑問文には①"～吗？"②"A还是B？"の選択疑問文 ③反復疑問文 ④疑問詞疑問文 ⑤"～呢？"の5通りがあります。試験では④の「疑問詞を使った疑問文＝疑問詞疑問文」が最頻出で、毎回出題されています。それぞれの疑問詞がもつ意味をしっかり覚え、正しい疑問詞を選び出せるようにしましょう。

ポイント！
試験によく出る疑問詞   ★：最もよく出る疑問詞

什么 shénme ：何

你 喝 **什么** ？　　　　　　　　　　　　（何を飲みますか）
Nǐ hē shénme?

★**什么＋ 名詞** ：どんな＋ 名詞

> "什么＋ 名詞 "の問題は、試験では最も多く出題されていますが、正答率があまり高くないので注意が必要です！

什么＋ 书 ：どんな本

她 买 **什么 书** ？　　　　　　　　　　（彼女はどんな本を買いますか）
Tā mǎi shénme shū?

什么＋ 地方 ：どんなところ≒どこ

你们 去 **什么 地方** ？　　　　　　　　（どこに行きますか）
Nǐmen qù shénme dìfang?

什么＋ 时候 ：どんな時≒いつ

小 李 **什么 时候** 去 ？　　　　　　　（李さんはいつ行きますか）
Xiǎo Lǐ shénme shíhou qù?

哪 nǎ：どれ、どの

他 是 哪 国 人？
Tā shì nǎ guó rén?　　　　　　（彼はどの国の人ですか）

哪儿 nǎr ／ **哪里** nǎli：どこ

你 的 自行车 在 哪儿？
Nǐ de zìxíngchē zài nǎr?
　　　　　　　　　　　　　（あなたの自転車はどこにありますか）

谁 shéi：誰

那 是 谁 的 衣服？　　　　　　（あれは誰の服ですか）
Nà shì shéi de yīfu?

★ **几** jǐ：いくつ

今天 星期 几？　　　　　　（今日は何曜日ですか）
Jīntiān xīngqī jǐ?

> "几"は主に答えが10以下の数と予想されるときに使います。

多少 duōshao：いくつ、どれくらい

这 件 衣服 多少 钱？　　　　　（この服はいくらですか）
Zhè jiàn yīfu duōshao qián?

怎么 zěnme：どのように、どう

去 车站 怎么 走？　　　　　（駅にはどのように行きますか）
Qù chēzhàn zěnme zǒu?

> **要チェック**
> 「何を飲みますか」「李さんはいつ行きますか」等、日本語に訳すと文末に「か」をつけますが、中国語の疑問詞疑問文では、文末に"吗"はつけないので注意しましょう！

練習問題

空欄を埋めるのに最も適した中国語を、①〜④から1つ選びなさい。

1) あなたはいくつ買いたいですか。
   你想买（　　）个？
   ①怎么　②几　③什么　④哪儿

2) 私はコーヒーにしますが、あなたは何にしますか。（第70回）
   我喝咖啡，你喝（　　）？
   ①呢　②吗　③哪儿　④什么

3) あのシャープペンはいくらですか。
   那支自动铅笔（　　）钱？
   ①多少　②几个　③多大　④哪个

4) あなたの家はどこですか。
   你家在（　　）？
   ①什么　②怎么　③哪　④哪儿

5) 彼らはどこにいますか。（第68回）
   他们在（　　）地方？
   ①几个　②多少　③哪里　④什么

6) 彼女達はどこの国の人ですか。
   她们是（　　）国人？
   ①什么　②哪里　③哪　④哪个

7) これはどんな辞書ですか。（第74回）
   这是（　　）词典？
   ①谁　②哪　③怎么　④什么

8) この料理はどうやって作りますか。
   这个菜（　　）做？
   ①怎么　②什么　③谁　④哪

解答・解説

1) ❷ **你想买几个？** Nǐ xiǎng mǎi jǐ ge?

「いくつ」と個数を尋ねる場合は疑問詞"几"を。"想"は願望を表す能願動詞→ p68。"怎么"は「どのように」、"什么"は「何」、"哪儿"は「どこ」。

2) ❹ **我喝咖啡，你喝什么？** Wǒ hē kāfēi, nǐ hē shénme?

「何」は"什么"を。"～呢？"は省略疑問文（→ p43）で、疑問文"～吗？"は「～か」の意味を表す→ p42。"哪儿"は「どこ」。

3) ❶ **那支自动铅笔多少钱？** Nà zhī zìdòng qiānbǐ duōshao qián?

値段を尋ねる場合は"多少"を。"几个"は「いくつ」、"哪个"は「どれ」、"多大"は年齢を尋ねるときに。

4) ❹ **你家在哪儿？** Nǐ jiā zài nǎr?

「どこ」と場所を尋ねるときは"哪儿／哪里"。"哪"は「どれ」。

5) ❹ **他们在什么地方？** Tāmen zài shénme dìfang?

「どこ」とあることから、③と答えた人がとても多かった問題。"哪儿／哪里"であれば後ろに"地方"等の名詞は置けないので、「"什么"＋名詞＝どんな＋名詞」を思い出そう。

6) ❸ **她们是哪国人？** Tāmen shì nǎ guó rén?

4）5）6）ともに「どこ」という言葉が出てくるので混同しないように！"哪里"であれば5）同様、後ろに名詞"国"は置けない。「どこの国」は"哪国"。

7) ❹ **这是什么词典？** Zhè shì shénme cídiǎn?

5）と同様「"什么"＋名詞＝どんな＋名詞」を。

8) ❶ **这个菜怎么做？** Zhège cài zěnme zuò?

「どのように」と手段・方法を尋ねるときは"怎么"を。

> **要チェック**
>
> "哪儿／哪里？"と"什么地方？"を比べると、前者はただ「どこ」かを尋ねていますが、後者にはより具体的に「どんな場所か」を尋ねるニュアンスがあります。

リスニング練習
奶奶 nǎinai 祖母

軽声と2音節の声調聞き分け練習

> **解説と対策**
> 軽声は前にくる声調によって、高く発音する場合と、低く発音する場合に分かれます。特に第3声＋軽声の組み合わせに注意して聞きましょう。また、2音節の声調の組み合わせは軽声を含め全部で20通りありますが、多くの人が苦手なのは第3声＋第2声です。

ポイント！
CD 035

1. 軽声は前の声調によって変化する

①「第3声＋軽声」のときは、高く

🎧 ǎa - ǎa

> どちらの場合も、軽声は軽く、短く発音します。

②「第3声＋軽声」以外は、低く

🎧 āa - áa - àa

2. 一番苦手な組み合わせは「第3声＋第2声」

1音節目の第3声が高くなってしまい、第1声や第2声と区別がつかなくなる人がいる。しかし、試験では頻出なので、何度も聞いて音で覚えよう。

🎧 ǎá - ǎá

> 第1天（p22）の「第3声は限界まで低い『ド』」を思い出して！

練習問題

1 a、bのうち、軽声が入っているものを選びなさい。

1) (a   b) CD 036   5) (a   b) CD 040
2) (a   b) CD 037   6) (a   b) CD 041
3) (a   b) CD 038   7) (a   b) CD 042
4) (a   b) CD 039   8) (a   b) CD 043

2 1)〜8) のピンイン表記と一致するものを、それぞれ①〜④の中から1つ選びなさい。

1) āă   ①   ②   ③   ④   CD 044
2) āā   ①   ②   ③   ④   CD 045
3) ăā   ①   ②   ③   ④   CD 046
4) ăá   ①   ②   ③   ④   CD 047
5) áā   ①   ②   ③   ④   CD 048
6) áà   ①   ②   ③   ④   CD 049
7) ăá   ①   ②   ③   ④   CD 050
8) àá   ①   ②   ③   ④   CD 051

解　答

1 1) a āă b ăa   3) a ăa b àa   5) a ăa b áā   7) a ăā b àa
    2) a áá b ăa   4) a áá b ăa   6) a áa b áà   8) a āa b āā

2 1) ① āā ② āá ❸ āă ④ āă   5) ① áă ❷ áā ③ ăă ④ áă
    2) ① àā ② áá ❸ āā ④ āā   6) ① áā ② áă ③ áá ❹ áà
    3) ❶ ăā ② āă ③ àā ④ áā   7) ① àà ❷ ăá ③ ăā ④ àā
    4) ① àà ② ăă ③ ăā ❹ ăá   8) ① áá ❷ àá ③ āā ④ àà

※「第3声＋第3声」は、「第2声＋第3声」と同じ発音になるので、2音節の聞き分け問題ではほとんど出題されていない。

場面の一言

お茶をすすめるとき（第69回、第74回）
相手にお茶を差し出したとき
お茶を飲んでほしいとき

请 喝 茶。
Qǐng hē chá.

（どうぞお茶をお飲みください）

CD 052

練習問題

1) CD 053　　2) CD 054　　3) CD 055

1)～3)のような場合、中国語ではどのように言うのが適当か、①～④から1つ選びなさい。

1) 時間を尋ねるとき（第66回）　　　　①　②　③　④
2) 相手に苗字を尋ねるとき　　　　　　①　②　③　④
3) 相手に家族の人数を尋ねるとき　　　①　②　③　④

解 答

1) ❶ **现在几点？** Xiànzài jǐ diǎn?（今何時ですか）
　 ② **你几岁？** Nǐ jǐ suì?（何歳ですか）
　 ③ **他来吗？** Tā lái ma?（彼は来ますか）
　 ④ **你家在哪儿？** Nǐ jiā zài nǎr?（あなたの家はどこにありますか）

2) ① **你是哪国人？** Nǐ shì nǎ guó rén?（あなたはどこの国の人ですか）
　 ② **你是哪儿人？** Nǐ shì nǎr rén?（あなたはどこの人（出身）ですか）
　 ❸ **您贵姓？** Nín guìxìng?（あなたのご苗字は）
　 ④ **你喝什么？** Nǐ hē shénme?（あなたは何を飲みますか）

3) ① **你去哪儿？** Nǐ qù nǎr?（あなたはどこへ行きますか）
　 ❷ **你家有几口人？** Nǐ jiā yǒu jǐ kǒu rén?（あなたは何人家族ですか）
　 ③ **这是什么？** Zhè shì shénme?（これは何ですか）
　 ④ **今天星期几？** Jīntiān xīngqī jǐ?（今日は何曜日ですか）

単語トレーニング③

正しいピンイン選択

CD 056

1 音声を聞いて、【　】の中から正しいピンイン表記を選びなさい。

① 早　（早い）　　　【 cǎo　　zǎo　　sǎo　　zhǎo 】
② 九　（9）　　　　【 qiú　　jiú　　qiǔ　　jiǔ 】
③ 是　（～である）　【 sì　　shì　　xì　　sù 】
④ 工作（仕事）　　　【 gōngzuò　kōngzuò　gōngzòu　kōngzòu 】
⑤ 学校（学校）　　　【 xuéxiáo　xuèxiáo　xuéxiào　xuèxiào 】
⑥ 点心（おやつ）　　【 diǎnxin　tiǎnxin　diǎnxīn　tiǎnxīn 】

音の聞き分け（親族名称）

CD 057

2 音声を聞いて、a、bのうち日本語の意味に合う方を○で囲みなさい。

① 祖母　　（ a　b ）　　④ 母　　　（ a　b ）
② 兄　　　（ a　b ）　　⑤ 子ども　（ a　b ）
③ 姉　　　（ a　b ）　　⑥ 妹　　　（ a　b ）

音の聞き分け（曜日と週）

CD 058

3 音声を聞いて、a、bのうち日本語の意味に合う方を○で囲みなさい。

① 月曜日　（ a　b ）　　④ 先週火曜日（ a　b ）
② 水曜日　（ a　b ）　　⑤ 来週金曜日（ a　b ）
③ 日曜日　（ a　b ）　　⑥ 12週間　　（ a　b ）

（解答⇒ p158）

41

第4天

学習日　　／

筆記練習

小李去上海吗？ Xiǎo Lǐ qù Shànghǎi ma?
李さんは上海に行きますか。…… **疑問文②**

～ 解説と対策 ～

第3天の「疑問詞疑問文」の他に、中国語の疑問文には"～吗？"、"A还是B？"の選択疑問文、反復疑問文、"～呢？"の4つがあります。ここではそれぞれの基本型と用法の違いを理解し、4つを使い分けられるようにしましょう。

ポイント！

4つの疑問文

①"～吗？"の疑問文

小 李 去 上海。　　　　　　　　（李さんは上海に行きます）
⇩
小 李 去 上海 ＋ 吗？　　　　（李さんは上海に行きますか）
Xiǎo Lǐ qù Shànghǎi　　ma?

文末に"～吗？"をつけて、相手に「はい」か「いいえ」を尋ねる疑問文。

②"A还是B？"の選択疑問文

小 李　**去 上海**　还是　去 北京？
　　　　　A　　　　　　　　B
Xiǎo Lǐ　qù Shànghǎi　háishi　qù Běijīng?

（李さんは上海に行きますかそれとも北京に行きますか）

"A还是B？"の形で、A（＝上海に行く）かB（＝北京に行く）か、どちらを選ぶのかを尋ねる疑問文。

> ②の選択疑問文、③の反復疑問文とも日本語では文末に「～か」がつきますが、"～吗？"はつかないので注意しましょう！

③ 反復疑問文

小 李 去 |不 去| 上海？
　　　　肯定 ＋ 否定
Xiǎo Lǐ　qù　bu　qù　Shànghǎi?

(李さんは上海に行くか行かないか→李さんは上海に行きますか)

你 高兴 |不 高兴|？
　　肯定 ＋ 否定
Nǐ　gāoxìng　bu gāoxìng?

(あなたはうれしいかうれしくないか→あなたはうれしいですか)

述語の動詞や形容詞などを「肯定＋否定」の順に並べ、どちらを選ぶのかを尋ねる疑問文。

> 試験では"她们是不是韩国人？ Tāmen shì bu shì Hánguórén?"（彼女たちは韓国人ですか）のように、"是＋不是"を使った反復疑問文がよく出題されています。

④ "～呢？"の疑問文

小 李 去 上海，你 呢？
Xiǎo Lǐ　qù Shànghǎi, nǐ　ne?

(李さんは上海に行きます、あなたは？)

名詞等の後ろに"～呢？"を加えただけで、「～は？」という疑問文になる。「あなたは（行きますか）？」というように（　）の部分が省略されることから、「省略疑問文」とも呼ばれる。

練習問題

1 空欄を埋めるのに最も適した中国語を、①〜④から1つ選びなさい。

1) 私はビールを飲みますが、あなたは？（第76回）
   我喝啤酒，你（　　）？
   ①呢　　②啊　　③吗　　④吧

2) あなたたちは留学生ですか。
   你们（　　）不是留学生？
   ①还　　②是　　③也　　④都

3) 近ごろは忙しいですか。（第71回）
   你最近忙（　　）？
   ①的　　②呢　　③吗　　④啊

4) ギョーザを食べますか、それとも麺を食べますか。
   你吃饺子（　　）吃面条？
   ①不是　②常常　③不行　④还是

5) 私たちは明日行きますが、あなたは？
   我们明天去，你（　　）？
   ①吧　　②吗　　③呢　　④的

2 日本語を中国語に訳したとき、下線部の日本語にあたる漢字（簡体字）を書きなさい。

1) お茶を<u>飲む</u>。
2) <u>テレビ</u>を見る。
3) <u>金</u>を借りる。
4) <u>郵便局</u>に行く。

解答・解説　CD 059

1 1) ❶ 我喝啤酒，你呢？　Wǒ hē píjiǔ, nǐ ne?

「あなたは（飲みますか）？」の（　）部分が省略された疑問文だから"~呢？"を。"啊"は文末で断定の語気を表す。

2) ❷ 你们是不是留学生？　Nǐmen shì bu shì liúxuéshēng?

「~ですか」と尋ねているのに文末に"吗"がないことから、「肯定＋否定」が並ぶ反復疑問文だとわかる。

3) ❸ 你最近忙吗？　Nǐ zuìjìn máng ma?

「~ですか」と尋ねていて、2)のように「肯定＋否定」が並んでいないことから、"~吗？"の疑問文。

> この文を反復疑問文で表すと、"你最近工作忙不忙？"に。

4) ❹ 你吃饺子还是吃面条？　Nǐ chī jiǎozi háishi chī miàntiáo?

A（＝ギョーザを食べる）かB（＝麺を食べる）かを尋ねているので、"还是"を用いた"A还是B？"の選択疑問文。

5) ❸ 我们明天去，你呢？　Wǒmen míngtiān qù, nǐ ne?

「私たちは明日行きますが、あなたは（行きますか）？」より"~呢？"の疑問文。

> **要チェック**
> 日本語では文末に「か」がつくのに"吗"をつけない疑問文3つ！
> ・疑問詞疑問文 → p34
> ・選択疑問文　 → p42
> ・反復疑問文　 → p43

2 1) 喝　喝茶。Hē chá.

勹の中は"匕"や"凶"ではないので注意！→ p69。

2) 电视　看电视。Kàn diànshì.

出題回数の最も多い字。

3) 钱　借钱。Jiè qián.

金偏→ p50とつくり、それぞれに注意が必要。

4) 邮局　去邮局。Qù yóujú.

正答率の低い字→ p69。

リスニング練習
地图 dìtú 地図

有気音と無気音①

> ∽ 解説と対策 ∽
> 21の子音の中で、「有気音・無気音（息を出すか否か）」の関係にあるのは全部で6組計12個です。この区別は日本語にはないので発音が苦手な人が多く、特に有気音を息を出さずに発音してしまう人が少なくありません。しかし、試験では息の音が手掛かりになるので、落ち着いて聞きましょう！

ポイント！
手掛かりは息の音

CD 060

◎無気音 "bo"："b" → "o"

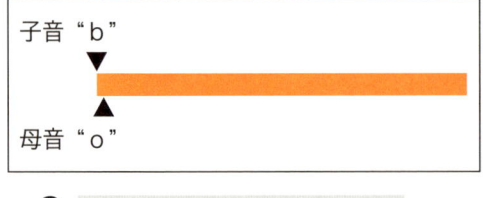

子音 "b"
母音 "o"

🎧 bō － bō　　dē － dē

◎有気音 "po"："p" →息→ "o"

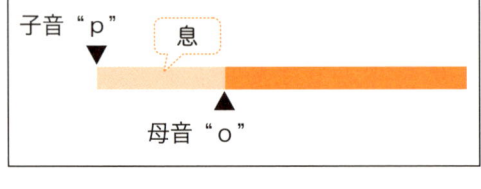

子音 "p"
息
母音 "o"

🎧 pō － pō　　tē － tē

🎧 bō － pō　　dē － tē

息の音を聞き取りましょう！

46

> 練習問題

1 a、bのうち、子音が"p"であるものを選びなさい。

1) (a b) CD 061   3) (a b) CD 063
2) (a b) CD 062   4) (a b) CD 064

子音が"t"であるものを選びなさい。

5) (a b) CD 065   7) (a b) CD 067
6) (a b) CD 066   8) (a b) CD 068

2 a、bのうち、子音"p"か"t"のいずれかを含むものを選びなさい。

1) (a b) CD 069   3) (a b) CD 071
2) (a b) CD 070   4) (a b) CD 072

4 奶奶……有気音と無気音①

> 解 答

1 1) a bā   b pā   5) a tī   b dī
    2) a biē   b piē   6) a dè   b tè
    3) a bèi   b pài   7) a dòu   b tòu
    4) a piāo   b biāo   8) a diē   b tiē

2 1) a bāobì b tiāoti   3) a bìmá   b píláo
    2) a dòufu b dìtiě   4) a tǐyù   b bǐsài

場面の一言

「いかがですかと」と尋ねるとき（第76回）
相手の感想を伺いたいとき
相手の意見を聞きたいとき

怎么样？
Zěnmeyàng?
（いかがですか）

CD 073

練習問題

1) CD 074　2) CD 075　3) CD 076

1)～3)のような場合、中国語ではどのように言うのが適当か、①～④から1つ選びなさい。

1) もう一度言ってもらいたいとき（第76回）　①　②　③　④
2) 仕事が終わった人に声をかけるとき　①　②　③　④
3) 今日は何曜日かと尋ねるとき　①　②　③　④

解　答

1) ①　**请来一下！** Qǐng lái yíxià!（ちょっと来てください）
   ❷　**请再说一遍。** Qǐng zài shuō yí biàn.（もう一度言ってください）
   ③　**请慢一点儿说。** Qǐng màn yìdiǎnr shuō.（少しゆっくり話してください）
   ④　**请等一等。** Qǐng děngyideng.（ちょっと待ってください）

2) ①　**真麻烦！** Zhēn máfan!（本当に面倒だ）
   ②　**对不起！** Duìbuqǐ!（ごめんなさい）
   ③　**麻烦你！** Máfan nǐ!（お手数をおかけします）
   ❹　**辛苦了！** Xīnkǔ le!（お疲れ様でした）

3) ❶　**今天星期几？** Jīntiān xīngqī jǐ?（今日は何曜日ですか）
   ②　**现在几点？** Xiànzài jǐ diǎn?（今何時ですか）
   ③　**今天几号？** Jīntiān jǐ hào?（今日は何日ですか）
   ④　**你家有几口人？** Nǐ jiā yǒu jǐ kǒu rén?（あなたは何人家族ですか）

単語トレーニング④

正しいピンイン選択　CD 077

1 音声を聞いて、【　】の中から正しいピンイン表記を選びなさい。

① 热　（暑い）　【 rù　　rè　　lè　　lǜ 】

② 纸　（紙）　【 zǐ　　jǐ　　chǐ　　zhǐ 】

③ 去　（行く）　【 qiù　　chù　　qù　　jù 】

④ 高兴（うれしい）【 gāoxìng　gāoxìn　kāoxìng　kāoxìn 】

⑤ 名字（名前）　【 míngzu　mínzi　míngzi　mínzu 】

⑥ 汉语（中国語）　【 Hányǔ　Hànyù　Hānyǔ　Hànyǔ 】

音の聞き分け（学校関係）　CD 078

2 音声を聞いて、a、bのうち日本語の意味に合う方を○で囲みなさい。

① 教室　　（ a　b ）　④ 学校　　（ a　b ）
② ノート　（ a　b ）　⑤ 机　　　（ a　b ）
③ 辞書　　（ a　b ）　⑥ 図書館　（ a　b ）

音の聞き分け（時の表現）　CD 079

3 音声を聞いて、a、bのうち日本語の意味に合う方を○で囲みなさい。

① 昨日　（ a　b ）　④ 朝　　（ a　b ）
② 明日　（ a　b ）　⑤ 正午　（ a　b ）
③ 今日　（ a　b ）　⑥ 夜　　（ a　b ）

解答⇒ p158

簡体字道場

共通部分の形で覚える！

※（　）は日本語の漢字

讠（言）
请（請）
说（说）

饣（食）
午饭（午飯）
图书馆（図書館）

门（門）
问题（問題）
时间（時間）

纟（糸）
报纸（報紙）
练习（練習）

钅（金）
地铁（地鉄）
铅笔（鉛筆）

见（見）
电视（電視）
睡觉（睡覚）

贝（貝）
贵（貴）
厕所（厠所）

马（馬）
骑马（騎馬）
妈妈（媽媽）

単語のひろば

①親族名称

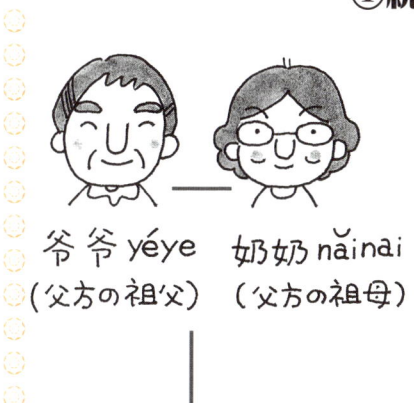

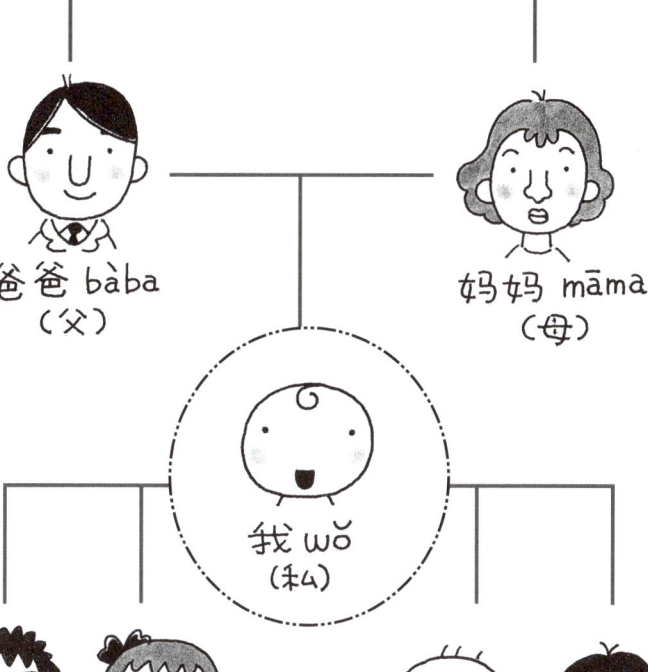

爷爷 yéye（父方の祖父）　奶奶 nǎinai（父方の祖母）　姥爷 lǎoye（母方の祖父）　姥姥 lǎolao（母方の祖母）

爸爸 bàba（父）　妈妈 māma（母）

我 wǒ（私）

哥哥 gēge（兄）　姐姐 jiějie（姉）　弟弟 dìdi（弟）　妹妹 mèimei（妹）

第5天

学習日　　／

筆記練習
我在图书馆看书。 Wǒ zài túshūguǎn kàn shū.
私は図書館で本を読みます。…… **介詞**

◯◯ 解説と対策 ◯◯

英語の前置詞に似た働きをし、「～で」「～と」等の意味を持つものを介詞と呼びます。介詞は名詞等とともにフレーズ（2つ以上の単語のかたまり）を作り、場所や対象などを表します。また、介詞フレーズの文中での位置は非常に大切で、これから学習を進めていく上での基本となります。

ポイント！

1. 試験によく出る介詞と介詞フレーズ

① 場所「～で」を表す "在 zài"

| 在 + 图书馆 ～ | （図書館で～） |
| zài　　túshūguǎn | |

② 対象「～と」を表す "跟 gēn ／ 和 hé"

| 和 + 朋友 一起 ～ | （友達と一緒に～） |
| hé　　péngyou yìqǐ | |

| 跟 + 她 一起 ～ | （彼女と一緒に～） |
| gēn　　tā　 yìqǐ | |

"跟／和…一起～" の形で、「…と一緒に～」を表します。
"一起 yìqǐ"（一緒に）は副詞なので、動詞の前に→ p77。

③ 比較「～より」を表す "比 bǐ"

比 + 弟弟 ～　　（弟より～）
bǐ　　dìdi

2. 介詞フレーズの位置

介詞フレーズは述語の前！

主語 ＋ 介詞フレーズ ＋ 動詞／形容詞。
　　　　　　　　　　　　　述語

我　　　在 图书馆　　　看 书。
Wǒ　　　zài túshūguǎn　　kàn shū.
　　　　　　　　　　　（私は図書館で本を読む）

他　　　和 朋友 一起　　唱 歌。
Tā　　　hé péngyou yìqǐ　chàng gē.
　　　　　　　　　　　（彼は友達と一緒に歌を歌う）

我　　　跟 她 一起　　　去。
Wǒ　　　gēn tā yìqǐ　　　qù.
　　　　　　　　　　　（私は彼女と一緒に行く）

哥哥　　比 弟弟　　　　高。
Gēge　　bǐ dìdi　　　　gāo.
　　　　　　　　　　　（兄は弟より高い）

練習問題

1 日本語の意味になるように①～④を並び替えたとき、[　]内に入るものはどれか、その番号を書きなさい。

1) 私は家で発音の練習をします。（第68回）

　我 _____ _____ [_____] _____ 。

　①家　　②在　　③练习　　④发音

2) 私たちは留学生と一緒にテニスをします。

　我们 _____ [_____] _____ _____ 。

　①留学生　②和　　③打网球　④一起

2 日本語の意味に合う中国語を、①～④の中から1つ選びなさい。

1) 私の姉は私より背が高い。

　①我姐姐高比我。　　　　②我高比我姐姐。

　③我姐姐比我高。　　　　④比我高我姐姐。

2) 明日彼は友達と一緒に来ます。（第76回）

　①明天他来跟朋友一起。　②他明天朋友一起跟来。

　③他跟朋友一起来明天。　④明天他跟朋友一起来。

3) 王さんはどこで働いていますか。

　①小王哪儿在工作?　　　②小王工作哪儿在?

　③小王在工作哪儿?　　　④小王在哪儿工作?

3 日本語を中国語に訳したとき、下線部の日本語にあたる漢字（簡体字）を書きなさい。

1) 先生に尋ねる。

2) 鉛筆

3) 電話をかける。

4) この本は（値段が）高い。

解答・解説

1 1) ❸ **我在家练习发音**。Wǒ zài jiā liànxí fāyīn.
「家で」は"在家"。介詞フレーズは述語の動詞"练习"の前に。

2) ❶ **我们和留学生一起打网球**。Wǒmen hé liúxuéshēng yìqǐ dǎ wǎngqiú.
「留学生と一緒に」は"和留学生一起"で、述語の動詞"打"の前。

2 1) ❸ **我姐姐比我高**。Wǒ jiějie bǐ wǒ gāo.
主語は"我姐姐"。「～より」は比較を表す介詞"比"で、述語の形容詞"高"の前に。

2) ❹ **明天他跟朋友一起来**。Míngtiān tā gēn péngyou yìqǐ lái.
「友達と一緒に」は"跟朋友一起"で述語の前。時間詞"明天"は動詞の前、主語の前後に→p60。

3) ❹ **小王在哪儿工作？** Xiǎo Wáng zài nǎr gōngzuò?
「どこで」は"在哪儿"で、述語の動詞"工作"の前に。

3 1) 问 **问老师**。Wèn lǎoshī.
門構えの書き順に注意→p27。

2) 铅笔 qiānbǐ
金偏の略し方（→p50）と、その右側。"笔"も日本語と異なるので注意。

3) 电话 **打电话**。Dǎ diànhuà.
"电"は上が突き出る。また、"话"の言偏の略し方にも注意→p50。

4) 贵 **这本书很贵**。Zhè běn shū hěn guì.
下は"贝"→p50。

リスニング練習
汽车 qìchē 車

有気音と無気音②

> 🌀 **解説と対策** 🌀
>
> 無気音は「子音→母音」で発音されるのに対し、有気音では「子音→息→母音」となるため、母音が聞こえるまでの間に若干の時間差があります。子音から母音を発音するまでのわずかな時間差を意識して聞きましょう。

■ ポイント！

CD 081

手掛かりは子音から母音までの時間差

◎無気音 "ge"："g" → "e"

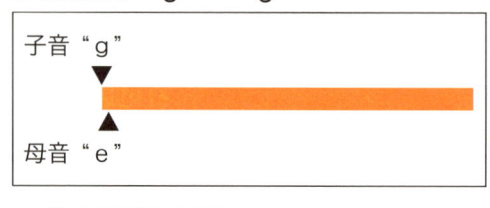

子音 "g"
母音 "e"

🎧 gē － gē

◎有気音 "ke"："k" →息→ "e"

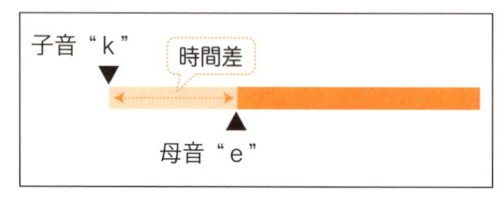

子音 "k"
時間差
母音 "e"

🎧 kē － kē

🎧 jī － jī　　qī － qī
　　zhī － zhī　　chī － chī
　　zī － zī　　cī － cī

手掛かりは時間差！

🎧 gē － kē　　jī － qī　　zhī － chī　　zī － cī

練習問題

1 a、bのうち、子音が無気音 "g" または "zh" のものを選びなさい。

1) (a   b) CD 082   5) (a   b) CD 086
2) (a   b) CD 083   6) (a   b) CD 087
3) (a   b) CD 084   7) (a   b) CD 088
4) (a   b) CD 085   8) (a   b) CD 089

2 a、bのうち、子音が有気音 "q" または "c" のものを選びなさい。

1) (a   b) CD 090   5) (a   b) CD 094
2) (a   b) CD 091   6) (a   b) CD 095
3) (a   b) CD 092   7) (a   b) CD 096
4) (a   b) CD 093   8) (a   b) CD 097

解 答

1
1) a chōng   b zhōng   5) a zhuō   b chuō
2) a kǎi   b gǎi   6) a chǎng   b zhǎng
3) a cháo   b zháo   7) a gǎo   b kǎo
4) a kuò   b guò   8) a chēng   b zhēng

2
1) a jiā   b qiā   5) a jiào   b qiào
2) a cuì   b zuì   6) a zì   b cì
3) a zài   b cài   7) a qù   b jù
4) a jiū   b qiū   8) a jí   b qí

場面の一言

ほめられたとき（第74回）
中国語が上手だと言われたとき
相手から「すごい！」と言われたとき

哪里，哪里！
Nǎli, nǎli!
（とんでもありません）

CD 098

練習問題

1) CD 099　2) CD 100　3) CD 101

1)〜3)のような場合、中国語ではどのように言うのが適当か、①〜④から1つ選びなさい。

1) 相手の電話番号を尋ねるとき（第62回）　　① ② ③ ④
2) 立ち去るとき　　　　　　　　　　　　　　① ② ③ ④
3) 兄弟がいるかどうかと尋ねられたとき　　　① ② ③ ④

解答

1) ①　**你家在哪里？**　Nǐ jiā zài nǎli?（あなたの家はどこですか）
   ②　**你的电话号码是多少？**　Nǐ de diànhuà hàomǎ shì duōshao?
   　　　　　　　　　　　　　　（あなたの電話番号は何番ですか）
   ③　**今天几号？**　Jīntiān jǐ hào?（今日は何日ですか）
   ④　**你看电视吗？**　Nǐ kàn diànshì ma?（あなたはテレビを見ますか）

2) ①　**我吃饭了**。Wǒ chī fàn le.（いただきます）
   ②　**我回去了**。Wǒ huíqu le.（私は帰ります）
   ③　**我看电影**。Wǒ kàn diànyǐng.（私は映画を見ます）
   ④　**我不知道**。Wǒ bù zhīdao.（私は知りません／わかりません）

3) ①　**我有两个妹妹**。Wǒ yǒu liǎng ge mèimei.（私は妹が2人います）
   ②　**我有两本书**。Wǒ yǒu liǎng běn shū.（私は本を2冊持っています）
   ③　**我没有词典**。Wǒ méi yǒu cídiǎn.（私は辞書を持っていません）
   ④　**我也买**。Wǒ yě mǎi.（私も買います）

単語トレーニング⑤

正しいピンイン選択　CD 102

1 音声を聞いて、【　】の中から正しいピンイン表記を選びなさい。

① 车　（車）　　　【 cē　　　chā　　　chū　　　chē 】
② 四　（4）　　　【 sì　　　sù　　　xù　　　shù 】
③ 信　（手紙）　　【 xīn　　　xīng　　　xìn　　　xìng 】
④ 教室（教室）　　【 jiàoshì　jiáoshì　jiāoshì　jiáoshí 】
⑤ 漂亮（美しい）　【 biāoliang　biāolian　piàoliang　piǎolian 】
⑥ 喜欢（好きである）【 xǐfan　　xǐhuang　xǐhuan　xǐfang 】

音の聞き分け（食べ物・飲み物）　CD 103

2 音声を聞いて、a、bのうち日本語の意味に合う方を○で囲みなさい。

① りんご　　（ a　b ）　　④ 紅茶　　（ a　b ）
② 麺　　　　（ a　b ）　　⑤ ビール　（ a　b ）
③ ギョーザ　（ a　b ）　　⑥ スープ　（ a　b ）

音の聞き分け（時間の長さ）　CD 104

3 音声を聞いて、a、bのうち日本語の意味に合う方を○で囲みなさい。

① 5分間　　（ a　b ）　　④ 2日間　　（ a　b ）
② 30分間　 （ a　b ）　　⑤ 2年間　　（ a　b ）
③ 3か月　　（ a　b ）　　⑥ 24時間　 （ a　b ）

解答⇒ p159

第6天

筆記練習

我明天去大学。 Wǒ míngtiān qù dàxué.
私は明日大学へ行きます。 …… **時間詞**

〜 解説と対策 〜
"今天""下午"等のような時間を表す名詞を「時間詞」と呼びます。時間詞は動詞の前(主語の前か後ろ)に置かれ、その動詞を修飾します。試験では語順の選択問題で繰り返し出題され、文中で時間詞を正確に並べることができるかが問われています。

ポイント!

1. 試験によく出る時間詞

今天	jīntiān	(今日)	**晚上** wǎnshang (夜)
每天	měi tiān	(毎日)	**早上** zǎoshang (朝)
下午	xiàwǔ	(午後)	**几点** jǐ diǎn (何時)

> "每天"は"早上"や"几点"等と組み合わせて、"每天早上"(毎朝)"每天几点"(毎日何時)という形で出題されることがよくあります。

2. 時間詞の位置

① 時間詞は動詞の前(主語の前か後ろ)!

　　　　　我　　　　去 大学。　　　　　(私は大学へ行く)

　　　　　我　　明天　　去 大学。
　　　　　Wǒ　míngtiān　qù dàxué.
　　　　　　　　　　　　　　　　　　　　　(私は明日大学へ行く)
　　明天　我　　　　　去 大学。
　　Míngtiān wǒ　　　　qù dàxué.

> ただし、"每天早上"等のように"每天"を含む時間詞は、通常主語の後ろに置きます。

② 否定文では"不"の前（主語の前か後ろ）！

我　　　　　不 吃 面包。　　（私はパンを食べない）

我　晚上　　不 吃 面包。
Wǒ　wǎnshang　bù chī miànbāo.
　　　　　　　　　　　　　　　　　（私は夜パンを食べない）
晚上　我　　　不 吃 面包。
Wǎnshang wǒ　bù chī miànbāo.

否定の副詞"不"についてはp84参照。

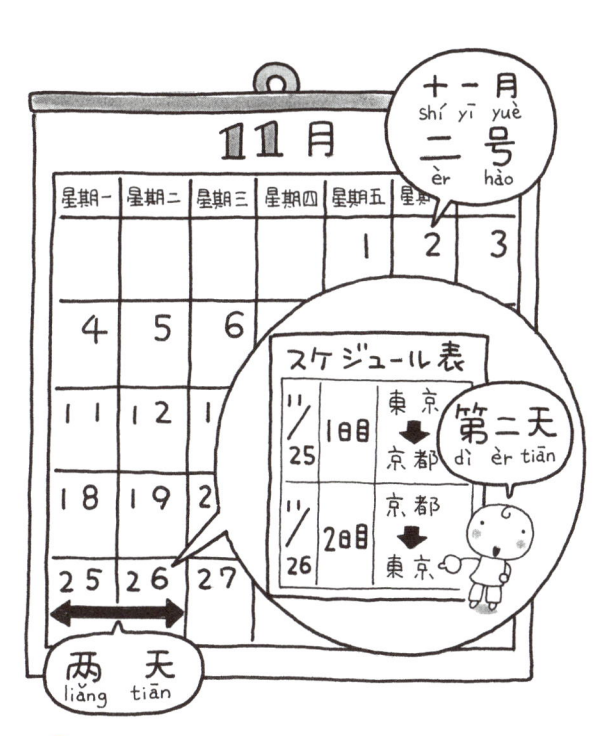

十一月 shí yī yuè
二号 èr hào
第二天 dì èr tiān
两天 liǎng tiān

要チェック

「2日」「2日目」「2日間」を中国語で表すと、それぞれ"二号""第二天""两天"です。イラストを見ながら3つの違いを覚えましょう。

> **練習問題**

1 日本語の意味になるように①〜④を並び替えたとき、[   ]内に入るものはどれか、その番号を書きなさい。

1) 王さんは毎日太極拳をします。

　_____ _____ [_____] _____。

　①小王　②打　③太极拳　④每天

2) 私は今日英語の本を読みません。（第67回）

　我 _____ _____ [_____] _____。

　①看　②英文书　③不　④今天

2 日本語の意味に合う中国語を、①〜④の中から1つ選びなさい。

1) 彼女は夜音楽を聴きます。

　①她听音乐晚上。　　　　②她听晚上音乐。

　③音乐她听晚上。　　　　④晚上她听音乐。

2) あなたは毎日何時に起きますか。（第76回）

　①你每天几点起床？　　　②你几点起床每天？

　③你每天起床几点？　　　④你起床每天几点？

3) 私は毎朝、朝ごはんを食べません。（第69回）

　①我每天早上不吃早饭。　②我每天不吃早饭早上。

　③我不吃早饭每天早上。　④我不吃早饭早上每天。

3 日本語を中国語に訳したとき、下線部の日本語にあたる漢字（簡体字）を書きなさい。

1) 字を<u>書く</u>。

2) <u>図書館</u>

3) 今年は<u>暑い</u>。

4) <u>飛行機</u>に乗る。

解答・解説　CD 105

1 1) ❷ **小王每天打太极拳**。Xiǎo Wáng měi tiān dǎ tàijíquán.
時間詞"每天"は動詞"打"の前、主語の後ろに。

2) ❶ **我今天不看英文书**。Wǒ jīntiān bú kàn Yīngwén shū.
否定の副詞"不"+"看"で「読まない」→ p84。時間詞"今天"はその前に置く。

2 1) ❹ **晚上她听音乐**。Wǎnshang tā tīng yīnyuè.
時間詞"晚上"は動詞の前、主語の前か後ろ。

2) ❶ **你每天几点起床？** Nǐ měi tiān jǐ diǎn qǐ chuáng?
「毎日何時」は"每天几点"。時間詞は動詞の前、主語の前か後ろだが、"几点"のように疑問詞を含むときは通常主語の後ろにくる。

3) ❶ **我每天早上不吃早饭**。Wǒ měi tiān zǎoshang bù chī zǎofàn.
1 2）と同様に否定の副詞"不"+"吃"で「食べない」。時間詞"每天早上"は"每天"を含むので動詞の前、主語の後ろに。

3 1) 写　**写字**。
Xiě zì.
"写"の最後の"一"は、日本語と違って突き出ない→ p103。

2) 图书馆　túshūguǎn
間違いの多い字。"图"は国構えの中、"馆"は食編の略し方に注意→ p50。

3) 热　**今年很热**。
Jīnnián hěn rè.
"热"は左側が"扌"→ p103。

4) 飞机　**坐飞机**。
Zuò fēijī.
"飞"は「飛」を、"机"は「機」を簡略化したもの。

6　我明天去大学。……時間詞

リスニング練習
春天 chūntiān 春
声調と有気音・無気音の組み合わせ練習

解説と対策

有気音・無気音と声調が聞き分けられれば、もう準4級のリスニングの5割はクリアです！ 今日は、これらを組み合わせた聞き取り練習をしましょう。試験と同じ形式で出題しますので、聞き取れないところをチェックし、再確認しましょう。

練習問題

1 これから読む1)～8)の中国語と一致するものを、それぞれ①～④の中から1つ選びなさい。

※この問題は全問を1トラックに収録しています。　　　　CD 106

1) ① bài　　② pài　　③ pái　　④ bái　　(第72回)
2) ① tào　　② dào　　③ dǎo　　④ táo　　(第75回)
3) ① cí　　② cì　　③ zì　　④ jì　　(第76回)
4) ① zú　　② cù　　③ zū　　④ cū
5) ① chè　　② zhè　　③ cè　　④ zè
6) ① dié　　② tiě　　③ diē　　④ tiē
7) ① gāo　　② kǎo　　③ gǎo　　④ kào
8) ① jǐ　　② qǐ　　③ jiě　　④ qiě

2 1)～8) のピンイン表記と一致するものを、それぞれ①～④の中から1つ選びなさい。

1) xiǎoshí　　① 　② 　③ 　④　　（第75回）　CD 107

2) qiūtiān　　① 　② 　③ 　④　　（第76回）　CD 108

3) fēijī　　① 　② 　③ 　④　　（第77回）　CD 109

4) chídào　　① 　② 　③ 　④　　CD 110

5) zìjǐ　　① 　② 　③ 　④　　CD 111

6) chǎofàn　　① 　② 　③ 　④　　CD 112

7) tiěqì　　① 　② 　③ 　④　　CD 113

8) qiáojū　　① 　② 　③ 　④　　CD 114

解 答

1 1) ②　3) ③　5) ②　7) ①
　　2) ②　4) ④　6) ②　8) ③

2 1) ① xiǎoshì　② xiāoxi　❸ xiǎoshí　④ xiǎoshī
　　2) ① qiútán　② jiǔ tiān　③ Qiūtián　❹ qiūtiān
　　3) ① fèiqì　② huíyì　❸ fēijī　④ huìqī
　　4) ① chìdào　② zhīdao　❸ chídào　④ shìdào
　　5) ❶ zìjǐ　② kèqi　③ zhìlǐ　④ cíqì
　　6) ① zǎofàn　② chīfàn　③ zhāoshēng　❹ chǎofàn
　　7) ① diēdǎo　② jiājù　❸ tiěqì　④ tiělù
　　8) ① qiǎoyù　② jiǎozi　③ jiāolù　❹ qiáojū

場面の一言

お手洗いに行きたいとき（第64回）
お手洗いの場所を尋ねたいとき
お手洗いはどこにあるかと相手に聞くとき

厕所 在 哪儿？
Cèsuǒ zài nǎr?
（お手洗いはどこにありますか）

CD 115

練習問題

1) CD 116 2) CD 117 3) CD 118

1)～3)のような場合、中国語ではどのように言うのが適当か、①～④から1つ選びなさい。

1)「駅はどこですか」と尋ねられたとき（第63回）　①　②　③　④
2)「今日は何曜日」と尋ねられたとき　①　②　③　④
3)「大丈夫ですか」と尋ねられたとき　①　②　③　④

解答

1) ① **车站在那儿吗?** Chēzhàn zài nàr ma?（駅はそこにありますか）
   ② **哪儿有书店?** Nǎr yǒu shūdiàn?（どこに書店がありますか）
   ③ **那儿就是书店**。Nàr jiùshì shūdiàn.（そこが書店です）
   ❹ **车站在那儿**。Chēzhàn zài nàr.（駅はそこにあります）

2) ① **我有两个姐姐**。Wǒ yǒu liǎng ge jiějie.（私は姉が2人います）
   ❷ **今天星期二**。Jīntiān xīngqīèr.（今日は火曜日です）
   ③ **四点半了**。Sì diǎn bàn le.（4時半になりました）
   ④ **今天八月六日**。Jīntiān bāyuè liù rì.（今日は8月6日です）

3) ❶ **没关系**。Méi guānxi.（大丈夫です／構いません）
   ② **对不起**。Duìbuqǐ!（ごめんなさい）
   ③ **太好了**。Tài hǎo le.（よかった／すごい／やった）
   ④ **谢谢你**。Xièxie nǐ.（ありがとうございます）

単語トレーニング⑥

正しいピンイン選択　　CD 119

1 音声を聞いて、【　】の中から正しいピンイン表記を選びなさい。

① 唱　（歌う）　　【 chàng　　chèng　　chàn　　chèn 】
② 远　（遠い）　　【 yuán　　yún　　yuǎn　　yǔn 】
③ 岁　（歳）　　　【 cuì　　zuì　　shuì　　suì 】
④ 洗澡（入浴する）【 xǐcǎo　　xǐzǎo　　shǐcǎo　　shǐzǎo 】
⑤ 词典（辞書）　　【 cūdiǎn　　cīdian　　cúdiǎn　　cídiǎn 】
⑥ 面包（パン）　　【 miànpào　　miànbào　　miànbāo　　miànpāo 】

音の聞き分け（乗り物）　　CD 120

2 音声を聞いて、a、bのうち日本語の意味に合う方を○で囲みなさい。

① 電車　　（ a　　b ）　　④ タクシー　（ a　　b ）
② 船　　　（ a　　b ）　　⑤ 飛行機　　（ a　　b ）
③ 自転車　（ a　　b ）　　⑥ 地下鉄　　（ a　　b ）

音の聞き分け（時刻）　　CD 121

3 音声を聞いて、a、bのうち日本語の意味に合う方を○で囲みなさい。

① 2時　　　（ a　　b ）　　④ 9時58分　　（ a　　b ）
② 4時15分　（ a　　b ）　　⑤ 2時45分　　（ a　　b ）
③ 6時30分　（ a　　b ）　　⑥ 12時ちょうど（ a　　b ）

（解答⇒ p160）

第7天

筆記練習
我不想吃药。 Wǒ bù xiǎng chī yào.
私は薬を飲みたくありません。…… **能願動詞**

解説と対策

動詞の前で願望・可能等の意味を表す助動詞の一種を能願動詞といいます。試験では願望を表す"想 xiǎng"（～したい）の否定形、"不想 bù xiǎng"（～したくない）がよく出題されています。

ポイント！

1. 能願動詞は動詞の前に

能願動詞 ＋ 動詞

我　　想　　喝　咖啡。　（私はコーヒーを飲みたい）
Wǒ　xiǎng　hē　kāfēi.

2. 試験によく出る能願動詞

願望を表す：～したい　　⇒　"想 xiǎng" ／ "要 yào"

　　　　　　～したくない　⇒　"不想 bù xiǎng"

否定形は"想""要"ともに"不想"を用いて「～したくない」を表す

你 想 吃 什么？　　　　　（あなたは何を食べたいですか）
Nǐ xiǎng chī shénme?

我 要 去 买 东西。　　　　（私は買い物に行きたい）
Wǒ yào qù mǎi dōngxi.

我 不 想 吃 药。　　　　　（私は薬を飲みたくない）
Wǒ bù xiǎng chī yào.

簡体字道場

書けそうで書けない字①

| 开 | ◁ 開 門構えの中だけを使って。 |

| 邮 | ◁ 郵 "由"を使って簡略化。 |

| 单 | ◁ 単 上部は、日本語の字は"ツ"、簡体字は"ソ"。 |

| 师 | ◁ 師 左側の"𠂤"を"リ"に。 |

| 药 | ◁ 薬 下を"楽"の簡体字"乐"にしないように注意。 |

| 岁 | ◁ 歳 日本語の字との違いに注意。 |

| 边 | ◁ 辺 "刀"の二画目が突き出て"力"になる。 |

| 喝 | ◁ 喝 勹の中は"匕"や"凶"ではない。 |

| 黑 | ◁ 黒 上部は"黑"ではなく"里"。 |

| 难 | ◁ 難 同じく"𦰩"を簡略化した字に"汉"がある。 |

| 桌 | ◁ 卓 下部は"十"ではなく"木"。 |

| 饭 | ◁ 飯 "反"の一画目は、右から左にはらう。 |

7 我不想吃药。……能願動詞

練習問題

1 空欄を埋めるのに最も適した中国語を、①〜④から1つ選びなさい。

1) 私は外国映画を見たくありません。(第75回)

　　我不（　　　）看外国电影。

　　①用　　②想　　③也　　④又

2) あなたは留学に行きたいですか。

　　你（　　　）去留学吗？

　　①要　　②不　　③都　　④能

2 日本語の意味になるように①〜④を並び替えたとき、[　]内に入るものはどれか、その番号を書きなさい。

1) 彼はパンを食べたくないのです。(第67回)

　　他＿＿＿[＿＿＿]＿＿＿＿＿＿。

　　①面包　　②吃　　③想　　④不

2) あなたは何を飲みたいですか。

　　＿＿＿[＿＿＿]＿＿＿＿＿＿？

　　①什么　　②喝　　③要　　④你

3 日本語を中国語に訳したとき、下線部の日本語にあたる漢字（簡体字）を書きなさい。

1) 駅は<u>遠い</u>。

2) <u>雑誌</u>を買う。

3) <u>パン</u>

4) <u>馬</u>に乗る。

解答・解説

1 1) ❷ **我不想看外国电影**。Wǒ bù xiǎng kàn wàiguó diànyǐng.

「～したくない」は"不想"を。"不用～"は「～する必要がない」という意味。副詞"又"は「また」。

2) ❶ **你要去留学吗?** Nǐ yào qù liúxué ma?

「～したい」という願望を表す能願動詞は"想"の他に"要"もある。"能"は「～できる」という可能を表す能願動詞。

2 1) ❸ **他不想吃面包**。Tā bù xiǎng chī miànbāo.

「～したくない」は"不想"で動詞の前に。

2) ❸ **你要喝什么?** Nǐ yào hē shénme?

願望を表す能願動詞"要"は動詞の前に。

> **要チェック**
> 準4級試験では願望を表す"想"が繰り返し出題されていますが、4級試験では「～できる」という日本語で訳される、"能 néng""会 huì""可以 kěyǐ"の3つの能願動詞が頻出です！

3 1) 远 **车站很远**。Chēzhàn hěn yuǎn.

簡単そうだが、誤答が少なくない。→ p103

2) 杂志 **买杂志**。Mǎi zázhì.

「雑」→"杂"、「誌」→"志"とも日本語の一部が省略されたもの。

3) 面包 miànbāo

"包"はつつみ構えの中の"己"が突き出て"巳"になる→ p103。

4) 马 **骑马**。Qí mǎ.

合計三画、書き順に注意→ p27。

リスニング練習
上班 shàngbān　出勤する

"-n" と "-ng" ①

💭 解説と対策 💭
"-n" と "-ng" は、4級、3級と級が上がっていっても、なかなか識別が難しい発音の一つです。両者は響き方に違いがあるので、対比させながら聞き分けていきましょう。万が一試験でわからなくても、立ち止まらずに次の問題に集中しましょう。

ポイント！

CD 123

1. "-n" は響きが止まり、"-ng" は余韻が残る

響きが止まる		余韻が残る	
an	—	ang	🎧 an – ang
ian	—	iang	🎧 ian – iang
uan	—	uang	🎧 uan – uang
en	—	eng	🎧 en – eng
uen	—	ueng	🎧 uen – ueng
in	—	ing	🎧 in – ing

2. "-n" と "-ng" の発音のコツ

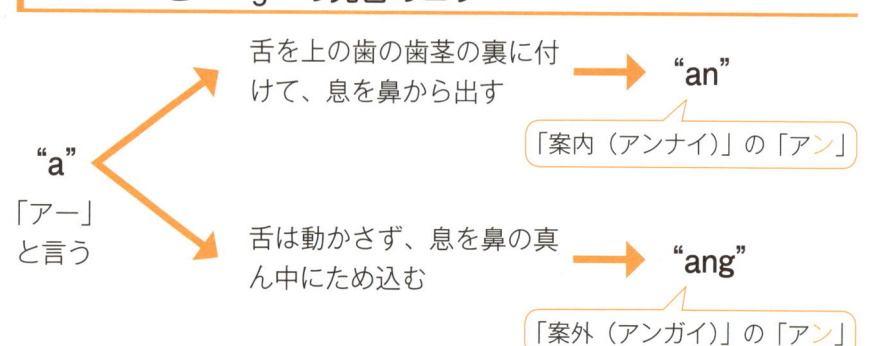

"a"
「アー」
と言う

→ 舌を上の歯の歯茎の裏に付けて、息を鼻から出す → "an"
「案内（アンナイ）」の「アン」

→ 舌は動かさず、息を鼻の真ん中にため込む → "ang"
「案外（アンガイ）」の「アン」

72

練習問題

1 a、bのうち、"-n"であるものを選びなさい。

1) (a　　b) `CD 124`　　3) (a　　b) `CD 126`
2) (a　　b) `CD 125`　　4) (a　　b) `CD 127`

"-ng"であるものを選びなさい。

5) (a　　b) `CD 128`　　7) (a　　b) `CD 130`
6) (a　　b) `CD 129`　　8) (a　　b) `CD 131`

2 これから読む 1)〜 2) の中国語と一致するものを、それぞれ①〜④の中から１つ選びなさい。

※この問題は 1) 2) を１トラックに収録しています。　`CD 132`

1) ① jīn　　② jīng　　③ yīng　　④ yīn
2) ① lán　　② láng　　③ lěng　　④ rěn

3)〜 4) のピンイン表記と一致するものを、それぞれ①〜④の中から１つ選びなさい。

3) shàngbān　　①　　②　　③　　④　`CD 133`
4) zhǔbàn　　①　　②　　③　　④　`CD 134`

解 答

1
1) a ēng　　b ēn　　　5) a màn　　b máng
2) a yǐn　　b yǐng　　6) a kēng　　b gēn
3) a láng　　b lán　　　7) a mín　　b xíng
4) a rén　　b réng　　8) a nǐng　　b nín

2
1) ④
2) ②
3) ❶ shàngbān　② sàngzhōng　③ shàncháng　④ sōngbǎng
4) ① zhǔfàn　② zuōfang　❸ zhǔbàn　④ zhuōnòng

場面の一言

いいニュースを聞いて喜んだとき（第64回）
うれしいとき
感激したとき

太好了！
Tài hǎo le!
（よかった！／すごい！／やった！）

CD 135

練習問題

1) CD 136　2) CD 137　3) CD 138

1)～3) のような場合、中国語ではどのように言うのが適当か、①～④から1つ選びなさい。

1) 明日の天気がどうであるか尋ねるとき（第62回）　①　②　③　④
2) 小さな子どもに年齢を尋ねるとき　①　②　③　④
3) 「いくらですか」と尋ねられたとき　①　②　③　④

解答

1) ❶ **明天天气怎么样？** Míngtiān tiānqì zěnmeyàng?
　　　　　　　　　　　（明日は天気がどうでしょうか）
　② **你明天来吗？** Nǐ míngtiān lái ma?（あなたは明日来ますか）
　③ **明天有课吗？** Míngtiān yǒu kè ma?（明日授業がありますか）
　④ **你吃鱼吗？** Nǐ chī yú ma?（あなたは魚を食べますか）

2) ❶ **你几岁？** Nǐ jǐ suì?（あなたはいくつ？）
　② **你多大年纪？** Nǐ duō dà niánjì?（あなたはおいくつですか）
　③ **你什么时候来？** Nǐ shénme shíhou lái?（あなたはいつ来ますか）
　④ **你好吗？** Nǐ hǎo ma?（お元気ですか）

3) ① **十五个人**。Shíwǔ ge rén.（15人）
　② **两个月**。Liǎng ge yuè.（2か月）
　❸ **一千五百块**。Yìqiān wǔbǎi kuài.（1500元）
　④ **没有钱**。Méi yǒu qián.（お金がありません）

単語トレーニング⑦

正しいピンイン選択 CD 139

1 音声を聞いて、【　】の中から正しいピンイン表記を選びなさい。

① 听　（聞く）　　　【 tīng　　　dīng　　　tìng　　　dìng 】

② 冷　（寒い）　　　【 liǎng　　　rǎng　　　lǒng　　　lěng 】

③ 票　（切符）　　　【 biāo　　　piāo　　　biào　　　piào 】

④ 休息（休む）　　　【 xiūshi　　shūshi　　xiūxi　　shūxi 】

⑤ 学生（学生）　　　【 xiéshang　xuésheng　xiésheng　xuéshang 】

⑥ 手机（携帯電話）　【 shǒujī　　shuǒjī　　shǒuzhī　　shuǒzhī 】

音の聞き分け（さまざまな施設） CD 140

2 音声を聞いて、a、bのうち日本語の意味に合う方を○で囲みなさい。

① 空港　　　(a　b)　　④ 駅　　　　(a　b)

② 病院　　　(a　b)　　⑤ 銀行　　　(a　b)

③ 郵便局　　(a　b)　　⑥ 映画館　　(a　b)

音の聞き分け（値段） CD 141

3 音声を聞いて、a、bのうち日本語の意味に合う方を○で囲みなさい。

① 202元　　　(a　b)　　④ 1,050円　　(a　b)

② 3,800元　　(a　b)　　⑤ 13,000円　　(a　b)

③ 18.5元　　 (a　b)　　⑥ 25万円　　　(a　b)

解答⇒ p161

第8天

筆記練習

他们都是大学生。 Tāmen dōu shì dàxuéshēng.
彼らはみな大学生です。 …… **副詞①**

解説と対策

副詞は動詞や形容詞の前に置かれ、それらを修飾して程度・範囲・否定等を表します。準4級の筆記試験では最も出題回数が多い項目ですが、ここでは繰り返し出題されている副詞をまとめました。

ポイント！
試験によく出る副詞
★：最もよく出る副詞

①「程度」を表す副詞

很 hěn（とても）：

她 的 衣服 很 漂亮。　　　　　　　（彼女の服はきれいだ）
Tā de yīfu hěn piàoliang.

上の文では、特に"很"を強調して発音しない限り「とても」という意味は表れない（→ p128）。

★**太** tài（とても、あまりに）：

"太"は否定形"不太~"「あまり~でない」の形でよく出題される。

我 家 不 太 远。　　　　　　　　（私の家はあまり遠くない）
Wǒ jiā bú tài yuǎn.

②「範囲」を表す副詞

★**都** dōu（みな、すべて）：

他们 都 是 大学生。　　　　　　（彼らはみな大学生です）
Tāmen dōu shì dàxuéshēng.

一起 yìqǐ（一緒に）：

我们 一起 吃 饭 吧。　　　　（一緒に食事をしましょう）
Wǒmen yìqǐ chī fàn ba.

③「並列」を表す副詞

★也 yě（～も）：

你 也 去 中国 留学 吗？　　　（あなたも中国に留学しますか）
Nǐ yě qù Zhōngguó liúxué ma?

"也"単独でも頻出だが、"不"や"都"と一緒に用いた「～も…ない」や「～もみな」もよく出題されている。その場合、語順は必ず"～也不…""～也都"なので注意！

这 也 不 是 我们 的 书。　　　（これも私たちの本ではない）
Zhè yě bú shì wǒmen de shū.

我们 也 都 是 日本人。　　　　（私たちもみな日本人です）
Wǒmen yě dōu shì Rìběnrén.

> "～也都"の用法は4級試験でも繰り返し出題されていますので、今の段階からしっかり覚えておきましょう！

④「反復」を表す副詞

★再 zài（また、もう一度）：

请 再 说 一 遍。　　　　　　　（もう一度言ってください）
Qǐng zài shuō yí biàn.

⑤「否定」を表す副詞

不 bù（～しない）

没(有) méi(yǒu)（～しなかった／～していない）

→ p84 で詳しく解説します。

練習問題

1 空欄を埋めるのに最も適した中国語を、①〜④から1つ選びなさい。

1) 先生方はみな中国人です。(第77回)
   老师们(　　　)是中国人。
   ①也　　②就　　③都　　④又

2) 今週は天気があまりよくありません。
   这个星期天气不(　　　)好。
   ①多　　②很　　③是　　④太

3) あなたのお母さんも車を運転しますか。
   你妈妈(　　　)开车吗?
   ①的　　②太　　③也　　④有

2 日本語の意味になるように①〜④を並び替えたとき、[　　]内に入るものはどれか、その番号を書きなさい。

1) 私たちもみな学生です。(第66回)
   我们 [＿＿＿] ＿＿＿ ＿＿＿ ＿＿＿。
   ①也　　②都　　③学生　　④是

2) もう一度ちょっと辞書を見てください。
   请 ＿＿＿ ＿＿＿ [＿＿＿] ＿＿＿。
   ①词典　　②看看　　③你　　④再

3) 私の姉にも子どもが3人います。
   我姐姐 ＿＿＿ [＿＿＿] ＿＿＿ ＿＿＿。
   ①孩子　　②三个　　③有　　④也

3 日本語の意味に合う中国語を、①〜④の中から1つ選びなさい。

1) 一緒に公園に行きましょう。
   ①我们去一起公园吧。　　②我们去公园一起吧。
   ③我们一起公园去吧。　　④我们一起去公园吧。

2) 彼らもみんな来ます。(第72回)
   ①他们也都来。　　②他们都也来。
   ③他们都来也。　　④他们来都也。

解答・解説　　CD 142

1 1) ❸ **老师们都是中国人**。Lǎoshīmen dōu shì Zhōngguórén.
「先生はみな」より副詞"都"。"就 jiù"は「すぐに」、"又 yòu"は「また」。

2) ❹ **这个星期天气不太好**。Zhège xīngqī tiānqì bú tài hǎo.
「あまりよくない」から"不太～"を（→ p137 主述述語文参照）。

3) ❸ **你妈妈也开车吗?** Nǐ māma yě kāichē ma?
「お母さんも」より"也"。

2 1) ❶ **我们也都是学生**。Wǒmen yě dōu shì xuésheng.
「～もみな」は"～也都"。"～都也"にはならないので注意！

2) ❷ **请你再看看词典**。Qǐng nǐ zài kànkan cídiǎn.
"请你～"で「～してください」。「もう一度」は"再"を。"看看 kànkan"は「ちょっと見てみる」で、動詞を重ねて語気を和らげる。

3) ❸ **我姐姐也有三个孩子**。Wǒ jiějie yě yǒu sān ge háizi.
「副詞は動詞の前」を思い出そう。目的語"三个孩子"は動詞の後ろ。

3 1) ❹ **我们一起去公园吧**。Wǒmen yìqǐ qù gōngyuán ba.
副詞"一起"は動詞の前だから"一起去"の語順に。

2) ❶ **他们也都来**。Tāmen yě dōu lái.
「～もみな」は"～也都"。副詞は動詞の前だから"也都来"に。

要チェック

中国語を学習していくうえで語順はとても重要です。
語順の手がかりとなる部分を再チェックしてみましょう！
介詞…………述語（動詞／形容詞）の前→ p52
時間詞………　　動詞の前（主語の前か後ろ）→ p60
能願動詞……　　動詞の前→ p68
副詞…………　　動詞や形容詞の前→ p76
量詞…………　　数詞＋量詞＋名詞→ p94

リスニング練習

公园 gōngyuán 公園

"-n" と "-ng" ②

🔖 解説と対策 🔖
"-ian" と "-iang" は全く異なる音であるにもかかわらず、"ian" を「イアン」と発音してしまい、2つの音を聞き分けられなくなる人が少なくありません。また、「"-ong" "-eng" "-ang"」と「"-üan" と "-ün"」の聞き分けも試験では頻出です。

ポイント！
CD 143

1. "-ian" と "-iang"

"-ian" の "a" は「エ」
"-iang" の "a" は「ア」

> "g" の有無を見落とさないように、問題用紙のピンインをよく読みましょう！

🎧 ian – iang　　ian – iang

2. "-ang" "-eng" "-ong"

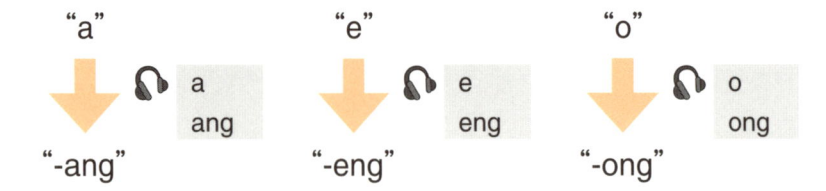

"a" → 🎧 a / ang　"-ang"
"e" → 🎧 e / eng　"-eng"
"o" → 🎧 o / ong　"-ong"

まず "a" "e" "o" の音の違いを聞き、次に "-ang" "-eng" "-ong" を聞いてみよう。

🎧 ang – eng – ong
　 ang – eng – ong

> "a" と "o" ははっきり「ア」「オ」とわかります。どちらか迷ったら "e" です！

3. "-üan" と "-ün"

"-üan" の "a" は「エ」　🎧 üan – üan　　ün – ün

> 練習問題

1 a、bのうち、"ian"を含むものを選びなさい。 CD 144 ~ CD 146

1)（ a　　b ）　　2)（ a　　b ）　　3)（ a　　b ）

"eng"を含むものを選びなさい。 CD 147 ~ CD 149

4)（ a　　b ）　　5)（ a　　b ）　　6)（ a　　b ）

"üan"を含むものを選びなさい。 CD 150 ~ CD 152

7)（ a　　b ）　　8)（ a　　b ）　　9)（ a　　b ）

2 これから読む 1)〜2) の中国語と一致するものを、それぞれ①〜④の中から1つ選びなさい。

※この問題は 1) 2) を 1 トラックに収録しています。　CD 153

1) ① yūn　　② yān　　③ yīng　　④ yāng

2) ① nóng　　② néng　　③ xióng　　④ xiáng

3)〜4) のピンイン表記と一致するものを、それぞれ①〜④の中から1つ選びなさい。

3) yuánxiān　　①　　②　　③　　④　　CD 154

4) yīngxióng　　①　　②　　③　　④　　CD 155

> 解　答

1 1) a liǎn　b liǎng　　4) a néng　b nóng　　7) a juǎn　b jūn

2) a yán　b yáng　　5) a làng　b lèng　　8) a xuàn　b xiàng

3) a jiāng　b jiān　　6) a zhōng　b zhēng　　9) a qiǎn　b quǎn

2 1) ④

2) ①

3) ❶ yuánxiān　② yuánxíng　③ jūnjiàn　④ jiǎngxiàng

4) ① fánróng　② fāngxiàng　❸ yīngxióng　④ yīngyǒng

場面の一言

労をねぎらうとき（第69回）
仕事が終わった人に声をかけるとき（第77回）
相手に「お疲れ様！」と言うとき

辛苦 了！
Xīnkǔ le!
（お疲れ様でした）

CD 156

練習問題

1) CD 157　2) CD 158　3) CD 159

1)～3)のような場合、中国語ではどのように言うのが適当か、①～④から1つ選びなさい。

1) 相手にものをすすめるとき（第65回）　①　②　③　④
2) 来週会うことを約束して別れるとき　①　②　③　④
3) 相手を待たせたとき　①　②　③　④

解答

1) ① 您好吗？　Nín hǎo ma?（お元気ですか）
   ② 天气好吗？　Tiānqì hǎo ma?（天気は良いですか）
   ③ 您买什么？　Nín mǎi shénme?（何を買いますか）
   ❹ 这个怎么样？　Zhège zěnmeyàng?（これはいかがですか）

2) ① 明天再见！　Míngtiān zài jiàn!（明日また会いましょう）
   ❷ 下星期再见！　Xià xīngqī zài jiàn!（来週また会ましょう）
   ③ 晚上再见！　Wǎnshang zài jiàn!（夜また会いましょう）
   ④ 什么时候见？　Shénme shíhou jiàn?（いつ会いますか）

3) ❶ 让您久等了！　Ràng nín jiǔ děng le!（お待たせしました）
   ② 谢谢你！　Xièxie nǐ!（ありがとうございます）
   ③ 回头见！　Huítóu jiàn!（あとで会いましょう）
   ④ 哪儿的话！　Nǎr de huà!（どういたしまして）

単語トレーニング⑧

正しいピンイン選択

CD 160

1 音声を聞いて、【　】の中から正しいピンイン表記を選びなさい。

① 多　（多い）　　　　　【 tōu　　dōu　　tuō　　duō 】
② 贵　（値段が高い）　　【 kuì　　guì　　kuí　　guí 】
③ 短　（短い）　　　　　【 duān　　tuān　　duǎn　　tuǎn 】
④ 午饭（昼ご飯）　　　　【 wúhàn　　wúfàn　　wǔhàn　　wǔfàn 】
⑤ 后天（明後日）　　　　【 hòutiān　　huòtiān　　hòutián　　huòtián 】
⑥ 电脑（パソコン）　　　【 tiànnǎo　　tiànnāo　　diànnáo　　diànnǎo 】

音の聞き分け（身につける物）

CD 161

2 音声を聞いて、a、bのうち日本語の意味に合う方を○で囲みなさい。

① 腕時計　　（ a　　b ）　　④ セーター　（ a　　b ）
② 服　　　　（ a　　b ）　　⑤ 帽子　　　（ a　　b ）
③ 靴　　　　（ a　　b ）　　⑥ スカート　（ a　　b ）

音の聞き分け（年月日）

CD 162

3 音声を聞いて、a、bのうち日本語の意味に合う方を○で囲みなさい。

① 5月4日　　（ a　　b ）　　④ 1997年　　　（ a　　b ）
② 2月7日　　（ a　　b ）　　⑤ 2011年　　　（ a　　b ）
③ 8月29日　 （ a　　b ）　　⑥ 2013年6月　（ a　　b ）

解答⇒ p162

第9天

筆記練習
我不去。 Wǒ bú qù.

私は行かない。 …… **副詞②**

> 〜 **解説と対策** 〜
>
> 副詞①の6つ以外に、否定の副詞 "不" と "没（有）" が頻出です。どちらも「〜ない、〜なかった」と訳されるため混同してしまう人が多く、両者の違いを問う問題が繰り返し出題されています。まずは日本語の例文を見て、どのように "不" と "没（有）" が使い分けられているかを理解し、それから中国語と照らし合わせてみましょう。

ポイント！
1. "不" の用法

① 彼女は日本人ではない。（⇔日本人だ）　…判断・説明の否定

② 私は行かない。　　　　（⇔行く）　　　…意志の否定

③ 父はお酒を飲まない。　（⇔飲む）　　　…習慣の否定

④ 私は食べたくない。　　（⇔食べたい）　…願望（"想 xiǎng"）の否定

⑤ 今日は暑くない。　　　（⇔暑い）　　　…形容詞の否定

①「彼女は日本人ではない」や「田中さんは大学生ではない」のような、判断・説明を表す動詞 "是" 等の否定。

她 不 是 日本人。 （⇔是日本人）
Tā bú shì Rìběnrén.

②「私は行かない」や「妹はここに来ない」のような、意志の否定。

我 不 去。 （⇔去）
Wǒ bú qù.

③「父はお酒を飲まない」や「母は肉を食べない」のような、習慣の否定。

爸爸 不 喝 酒。　　（⇔喝酒）
Bàba bù hē jiǔ.

④「私は食べたくない」や「彼は見たくない」のような願望を表す"想 xiǎng"（～したい）等、能願動詞（→ p68）の否定。

我 不 想 吃。　　（⇔想吃）
Wǒ bù xiǎng chī.

⑤「今日は暑くない」や「これは安くない」のような、形容詞の否定。

今天 不 热。　　（⇔很热）
Jīntiān bú rè.

> 「暑くなかった」「安くなかった」のような過去の文でも、形容詞の否定は"不"を用いるので注意しよう！（→ p128）

2. "没（有）"の用法

① 先生は来なかった。　　（⇔来た）　　…動作・行為の否定
② 動詞"有"の否定　　　　　存在の否定（→ p110）
　　　　　　　　　　　　　　所有の否定（→ p102）

①「先生は来なかった」や「昨日は練習しなかった」のように、そのような動作・行為が過去になかったことを表す。"没有"の"有"は省略できる。

老师 没(有) 来。　　（⇔来了 lái le）
Lǎoshī méi(you) lái.

②「いる／ある」という存在・所有を表す動詞"有"は必ず"没"で否定し、"不"を用いることはない（→ p102、110）。

練習問題

1 空欄を埋めるのに最も適した中国語を、①〜④から一つ選びなさい。

1) 私は昨日の夜、ご飯を食べませんでした。(第75回)
   我昨天晚上（　　　）吃饭。
   ①没　　②不　　③还　　④有

2) これも私の辞書ではありません。
   这也（　　　）是我的词典。
   ①不是　　②很　　③没　　④不

3) 私の家の近くに喫茶店はありません。
   我家附近（　　　）有咖啡馆。
   ①不　　②很　　③没　　④不是

4) 私は今日お昼ご飯を食べません。
   我今天（　　　）吃午饭。
   ①没有　　②不是　　③不　　④都

5) 昨日は忙しくなかった。
   昨天我（　　　）忙。
   ①没有　　②不　　③不是　　④别

2 日本語を中国語に訳したとき、下線部の日本語にあたる漢字（簡体字）を書きなさい。

1) 頭が痛い。
2) 子ども
3) 物、品物
4) お座りください。

解答・解説

1 1) ❶ **我昨天晚上没吃饭**。Wǒ zuótiān wǎnshang méi chī fàn.

「食べませんでした」より動作・行為が過去になかったことを表しているから、"没"を。

2) ❹ **这也不是我的词典**。Zhè yě bú shì wǒ de cídiǎn.

判断・説明を表す"是"の否定は"不"。

3) ❸ **我家附近没有咖啡馆**。Wǒ jiā fùjìn méi yǒu kāfēiguǎn.

動詞"有"は必ず"没"で否定する。これは「場所＋"有/没有"＋人」の存在文→ p110。

4) ❸ **我今天不吃午饭**。Wǒ jīntiān bù chī wǔfàn.

「食べない」という意志を表しているので、"不"を。

5) ❷ **昨天我不忙**。Zuótiān wǒ bù máng.

"忙"という形容詞の否定なので、過去の文でも"不"で否定。

要チェック

1)は「食べませんでした＝食べなかった」、また5)では「忙しくなかった」とあるので、つい日本語だけを見て選択肢を選んでしまう人が少なくありません。大切なことは、それが動作や行為の否定なのか、形容詞の否定なのかという点です！

2 1) **头** **头疼**。Tóu téng.

2つの点の並び方を間違えないように！

2) **孩子** háizi

子偏の右側に注意。

3) **东西** dōngxi

"东"の二画目の"乙"は一画で書く→ p27。

4) **请坐** **请坐** Qǐng zuò.

"坐"は日本語のように「まだれ」はつかない。

我不去。……副詞②

リスニング練習
十个字 shí ge zì 10文字
3つの顔を持つ "i"

> **解説と対策**
> "i"を見ると「イ」と発音するものだと思い込んでいる人が少なくありませんが、中国語の"i"は、前にくる子音によって3種類の音に変わります。"zh" "ch" "sh" "r" の場合と、"z" "c" "s" の場合には、"i" は「イ」ではないので要注意です！

ポイント！
CD 164

"i" の3つの顔

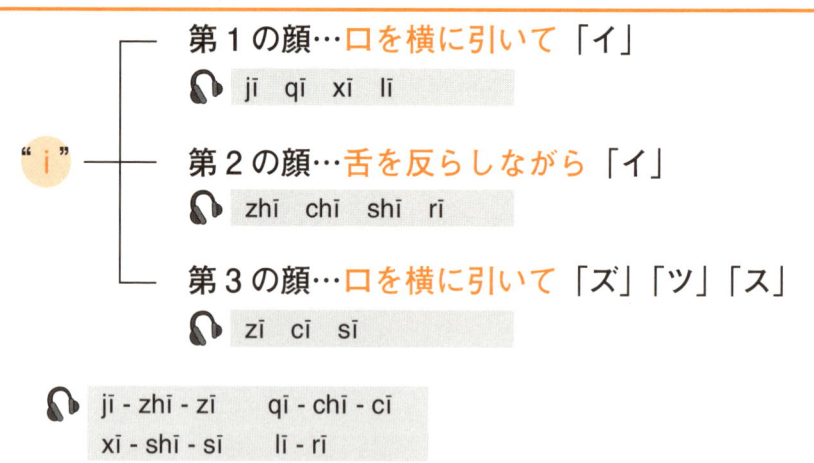

"i"
- 第1の顔…口を横に引いて「イ」
  - jī qī xī lī
- 第2の顔…舌を反らしながら「イ」
  - zhī chī shī rī
- 第3の顔…口を横に引いて「ズ」「ツ」「ス」
  - zī cī sī

jī - zhī - zī   qī - chī - cī
xī - shī - sī   lī - rī

> 練習問題

1 a、bのうち、舌を反らしながらの「イ」（"zhi" "chi" "shi" "ri" のいずれか）を含むものを選びなさい。

1) (　a　　　b　) CD 165
2) (　a　　　b　) CD 166
3) (　a　　　b　) CD 167
4) (　a　　　b　) CD 168
5) (　a　　　b　) CD 169
6) (　a　　　b　) CD 170
7) (　a　　　b　) CD 171
8) (　a　　　b　) CD 172

2 これから読む1)～2)の中国語と一致するものを、それぞれ①～④の中から1つ選びなさい。

※この問題は1) 2) を1トラックに収録しています。　CD 173

1) ① jí　　② qí　　③ zhí　　④ chí
2) ① zì　　② zhì　　③ cì　　④ chì

3)～4)のピンイン表記と一致するものを、それぞれ①～④の中から1つ選びなさい。

3) sījī　　①　　②　　③　　④　　CD 174
4) zīlì　　①　　②　　③　　④　　CD 175

> 解　答

1
1) a qī　　b chī
2) a jì　　b zhì
3) a rì　　b lì
4) a sì　　b shì
5) a zǐ　　b zhǐ
6) a jǐ　　b zhí
7) a shì　　b sì
8) a xǐ　　b shǐ

2
1) ④
2) ①
3) ❶ sījī　　② zìjǐ　　③ shíjì　　④ zhījī
4) ① rìlì　　② shìjì　　❸ zīlì　　④ zhílì

場面の一言

おいしいものを食べたとき（第66回）
相手の料理を褒めるとき
味見をした後

真 好吃！
Zhēn hǎochī!
（とても美味しい）

CD 176

練習問題

1) CD 177　2) CD 178　3) CD 179

1)～3)のような場合、中国語ではどのように言うのが適当か、①～④から1つ選びなさい。

1) 辞書が見当たらないとき（第66回）　　①　②　③　④
2) 店で傘を買いたいとき　　　　　　　　①　②　③　④
3) 相手のフルネームを尋ねるとき　　　　①　②　③　④

解　答

1) ① **没关系**。Méi guānxi.（構いません）
   ② **我们走吧**。Wǒmen zǒu ba.（行きましょう）
   ③ **你有铅笔吗？** Nǐ yǒu qiānbǐ ma?（鉛筆を持っていますか）
   ❹ **词典在哪儿？** Cídiǎn zài nǎr?（辞書はどこにありますか）

2) ① **伞很贵**。Sǎn hěn guì.（傘は（値段が）高い）
   ❷ **有伞吗？** Yǒu sǎn ma?（傘はありますか）
   ③ **下雨了**。Xià yǔ le.（雨が降ってきた）
   ④ **我不知道**。Wǒ bù zhīdao.（私は知らない／わからない）

3) ① **你是哪国人？** Nǐ shì nǎ guó rén?（あなたはどこの国の人ですか）
   ② **你买什么？** Nǐ mǎi shénme?（あなたは何を買いますか）
   ③ **你在哪儿？** Nǐ zài nǎr?（あなたはどこにいますか）
   ❹ **你叫什么名字？** Nǐ jiào shénme míngzi?
   　　　　　　（あなたのお名前（フルネーム）は）

単語トレーニング⑨

正しいピンイン選択　CD 180

1 音声を聞いて、【　】の中から正しいピンイン表記を選びなさい。

① 走　（歩く）　【 zǒu　　zuǒ　　cǒu　　cuǒ 】
② 水　（水）　　【 xiú　　xiǔ　　shuí　　shuǐ 】
③ 高　（高い）　【 kǎo　　gǎo　　gāo　　kǎo 】
④ 中国（中国）　【 Zhōnguò　Zōngguò　Zhōngguó　Zōngguó 】
⑤ 课文（本文）　【 kèwén　kùwén　kéwèn　kúwèn 】
⑥ 东西（物）　　【 dōngxī　tongxī　tongxi　dōngxi 】

音の聞き分け（さまざまな色）　CD 181

2 音声を聞いて、a、bのうち日本語の意味に合う方を○で囲みなさい。

① 白　　（ a　b ）　　④ 緑　　（ a　b ）
② 黄色　（ a　b ）　　⑤ 青　　（ a　b ）
③ 赤　　（ a　b ）　　⑥ 黒　　（ a　b ）

音の聞き分け（物の数）　CD 182

3 音声を聞いて、a、bのうち日本語の意味に合う方を○で囲みなさい。

① お茶1杯　（ a　b ）　　④ 地図4枚　（ a　b ）
② ご飯2杯　（ a　b ）　　⑤ ペン5本　（ a　b ）
③ 料理3品　（ a　b ）　　⑥ イス6脚　（ a　b ）

解答⇒ p163

単語のひろば

早上 zǎoshang
(朝)

起床 qǐ chuáng

吃早饭 chī zǎo fàn

看报 kàn bào

下午 xiàwǔ
(午後)

晚上 wǎnshang
(夜)

喝茶 hē chá

下班 xià bān

喝酒 hē jiǔ

② 1日の動き

上午 shàngwǔ （午前）

中午 zhōngwǔ （正午）

工作 gōng zuò

开车上班 kāi chē shàng bān

吃午饭 chī wǔ fàn

坐地铁回家 zuò dìtiě huíjiā

洗澡 xǐ zǎo

看电视 kàn diàn shì

睡觉 shuì jiào

第10天

筆記練習
我买一张票。 Wǒ mǎi yì zhāng piào.
私は切符を1枚買います。…… 量詞

解説と対策
日本語には「1冊の辞書」「1着の服」のように名詞に対応する助数詞がありますが、中国語にも"一本词典""一件衣服"のように名詞によって決まった量詞があり、その語順は数詞＋量詞＋名詞です。そして、それぞれの量詞と結びつく名詞には共通点があります。試験では毎回必ず出題されるので、しっかり覚えましょう！

ポイント！
1. 量詞の用法

① 数詞 ＋ 量詞 ＋ 名詞

| 一 yì | 张 zhāng | 票 piào | （切符1枚） |
| 两 liǎng | 把 bǎ | 椅子 yǐzi | （イス2脚） |

日本語では「切符1枚」「1枚の切符」のいずれも言えるが、中国語では1通りしか言えない。それが数詞＋量詞＋名詞の語順！
また、「2脚」「2冊」というように、人数・個数を数える場合、「2」は"二 èr"ではなく"两 liǎng"を用いる。

② "这／那" ＋ 数詞 ＋ 量詞 ＋ 名詞

> "一"という数詞は通常省略され、"这件衣服"となります。

| 这 zhè | （一）(yí) | 件 jiàn | 衣服 yīfu | （この服） |
| 那 nà | 三 sān | 支 zhī | 铅笔 qiānbǐ | （あの3本の鉛筆） |

「この服」「あの鉛筆」のように、日本語では「この、あの」が名詞と結びつくときには「着、本」等の助数詞を入れない場合もあるが、中国語では量詞"件、支"が必要となる。

2. 試験によく出る量詞とその共通点

量詞	共通点	結びつく名詞
张 zhāng	平面が目立つ	桌子 zhuōzi（机） 票 piào（切符、チケット） 邮票 yóupiào（切手）
件 jiàn	衣類	衣服 yīfu（服）
本 běn	本・書籍など	词典 cídiǎn（辞書） 杂志 zázhì（雑誌） 书 shū（本）
把 bǎ	取っ手がある	椅子 yǐzi（イス）
支 zhī	棒状のもの	圆珠笔 yuánzhūbǐ（ボールペン） 自动铅笔 zìdòng qiānbǐ（シャープペン）
只 zhī	動物（小さな動物が多い）	猫 māo（ネコ）
口 kǒu	家族の人数	"你家有几口人？Nǐ jiā yǒu jǐ kǒu rén?"（あなたの家は何人家族ですか）というような家族の人数を尋ねる問題も出題されています！

我买一张票。……量詞

> 練習問題

空欄を埋めるのに最も適した中国語を、①～④から一つ選びなさい。

1) 部屋には机が2台あります。(第77回)
   屋子里有两（　　　）桌子。
   ①脚　　②台　　③张　　④本

2) あの雑誌は誰のですか。
   那（　　　）杂志是谁的？
   ①条　　②本　　③件　　④只

3) 私はボールペンを3本買います。(第75回)
   我买三（　　　）圆珠笔。
   ①本　　②张　　③支　　④条

4) 私たちのクラスには留学生が2人います。
   我们班有（　　　）留学生。
   ①二　　②两　　③二个　　④两个

5) 妹はこの服が好きです。
   妹妹喜欢这（　　　）衣服。
   ①张　　②把　　③着　　④件

6) 彼女の家には猫が一匹います。
   她家有一（　　　）猫。
   ①条　　②支　　③只　　④把

7) 王さんの家は何人家族ですか。
   小王家有几（　　　）人？
   ①口　　②支　　③张　　④把

8) この中日辞典は田中さんのです。
   这（　　　）中日词典是田中的。
   ①本　　②张　　③书　　④件

解答・解説 　　　　　　　　　　　　　　CD 183

1) ❸　**屋子里有两张桌子**。Wūzi li yǒu liǎng zhāng zhuōzi.
　"脚 jiǎo"は「くるぶしからつま先」を表す名詞、"台 tái"は機械類に使う量詞。

2) ❷　**那本杂志是谁的?**　Nà běn zázhì shì shéi de?
　「あの雑誌」は"那本杂志"。日本語では助数詞「冊」は入らないが、中国語では量詞"本"が必要で、"那一本杂志"から数詞の"一"を省略したもの。"条 tiáo"は"河 hé"（川）など細長いものを表す量詞。

3) ❸　**我买三支圆珠笔**。Wǒ mǎi sān zhī yuánzhūbǐ.
　誤答が多かった問題。棒状のものには"支"を。

4) ❹　**我们班有两个留学生**。Wǒmen bān yǒu liǎng ge liúxuéshēng.
　日本語では「留学生が2人」「2人の留学生」いずれも言えるが、中国語では必ず数詞＋量詞＋名詞の語順、"两个留学生"になる。また、人数を数える場合、「2」は"二 èr"ではなく"两 liǎng"を使う。

5) ❹　**妹妹喜欢这件衣服**。Mèimei xǐhuan zhè jiàn yīfu.
　"着"は日本語の助数詞「着」とのひっかけ。

6) ❸　**她家有一只猫**。Tā jiā yǒu yì zhī māo.
　ネコの他、鳥"鸟 niǎo"などにも使える。

7) ❶　**小王家有几口人?**　Xiǎo Wáng jiā yǒu jǐ kǒu rén?
　家族の人数を尋ねるときの量詞は"口"。

8) ❶　**这本中日词典是田中的**。Zhè běn Zhōng-Rì cídiǎn shì Tiánzhōng de.
　"田中的"の後ろには"中日词典"が省略されている。前後の文から明らかな場合には、"的"の後ろの名詞は省略できる。

要チェック
"枚""脚""着"といった日本語で使う助数詞が、ひっかけとして選択肢の中に加えられていることがあるので注意しましょう！

10　我买一张票。……量詞

リスニング練習

出租车 chūzūchē タクシー

"zu" "cu" "su" と "zi" "ci" "si"

解説と対策

日本語の「ズ」「ツ」「ス」を発音するときには、口の形はほとんど気にしませんが、中国語では、口をすぼめる "zu" "cu" "su" の音と、横に引く "zi" "ci" "si" の音は全く異なります。口の形を意識して発音し、聞こえ方の違いを確認しましょう。

ポイント！

CD 184

1. 口をすぼめる "zu" "cu" "su"

zū - cū - sū   zū - cū - sū

ややこもった感じの音！

2. 口を横に引く "zi" "ci" "si"

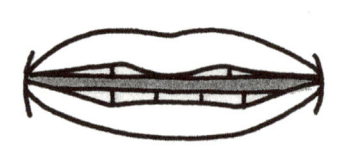

zī - cī - sī   zī - cī - sī

はっきりした明るい音！

zū - zī   cū - cī   sū - sī

練習問題

1 a、bのうち、母音が"i"であるものを選びなさい。

1) (a　　b) CD 185　　5) (a　　b) CD 189
2) (a　　b) CD 186　　6) (a　　b) CD 190
3) (a　　b) CD 187　　7) (a　　b) CD 191
4) (a　　b) CD 188　　8) (a　　b) CD 192

2 これから読む 1) ～ 2) の中国語と一致するものを、それぞれ①～④の中から1つ選びなさい。

※この問題は1) 2) を1トラックに収録しています。　CD 193

1) ① sì　　② shì　　③ shù　　④ sù
2) ① zū　　② cū　　③ zī　　④ cī

3) ～ 4) のピンイン表記と一致するものを、それぞれ①～④の中から1つ選びなさい。

3) chūcì　　①　②　③　④　CD 194
4) sīliàn　　①　②　③　④　CD 195

出租车……"zu""cu""su"と"zi""ci""si"

解 答

1
1) a zū　　b zī　　　5) a sù　　b sì
2) a zì　　b zhú　　　6) a chú　　b cí
3) a sū　　b sī　　　7) a zé　　b zǐ
4) a sì　　b sè　　　8) a cù　　b cì

2
1) ①
2) ①
3) ① chūzū　❷ chūcì　③ zhīchū　④ shūfu
4) ① Sūlián　❷ sīliàn　③ shúliàn　④ chūlián

場面の一言

人に待ってもらうとき（第65回）
電話を取り次ぐとき
「少し待ってください」と言いたいとき

请 等 一下。
Qǐng děng yíxià.
（ちょっと待ってください）

CD 196

練習問題

1) CD 197　2) CD 198　3) CD 199

1)～3)のような場合、中国語ではどのように言うのが適当か、①～④から1つ選びなさい。

1) どこへ行くかと尋ねられたとき（第67回）　①　②　③　④
2) お年寄りに年齢を尋ねるとき　①　②　③　④
3) 相手に席をすすめるとき　①　②　③　④

解答

1) ① **我吃面包。** Wǒ chī miànbāo.（私はパンを食べます）
   ❷ **我去食堂。** Wǒ qù shítáng.（私は食堂に行きます）
   ③ **我家在大阪。** Wǒ jiā zài Dàbǎn.（私の家は大阪にあります）
   ④ **我是日本人。** Wǒ shì Rìběnrén.（私は日本人です）

2) ① **您贵姓？** Nín guìxìng?（あなたのご苗字は）
   ② **怎么样？** Zěnmeyàng?（いかがですか）
   ❸ **您多大岁数？** Nín duō dà suìshu?（あなたはおいくつですか）
   ④ **我不知道。** Wǒ bù zhīdao.（私は知りません／わかりません）

3) ① **请喝茶！** Qǐng hē chá!（どうぞお茶をお飲みください）
   ② **请进！** Qǐng jìn!（どうぞお入りください）
   ❸ **请坐！** Qǐng zuò!（どうぞお掛けください）
   ④ **慢走！** Mànzǒu!（お気をつけて）

単語トレーニング⑩

正しいピンイン選択　　　　　　　　　　　　　　　CD 200

1 音声を聞いて、【　】の中から正しいピンイン表記を選びなさい。

① 站（立つ）　　　　　　【 jiàng　　zhàn　　zhàng　　chàng 】
② 说（話す）　　　　　　【 suō　　shuō　　sōu　　shōu 】
③ 飞（飛ぶ）　　　　　　【 fēi　　hēi　　féi　　héi 】
④ 留学（留学する）　　　【 liùxié　　liùxué　　liúxié　　liúxué 】
⑤ 公司（会社）　　　　　【 kōngsū　　gōngsū　　kōngsī　　gōngsī 】
⑥ 方便（便利である）　　【 fāngpiàn　fāngbiàn　fāngbiàng　fāngpiàng 】

音の聞き分け（いろいろな動作①）　　　　　　　CD 201

2 音声を聞いて、a、bのうち日本語の意味に合う方を○で囲みなさい。

① ご飯を食べる　（　a　　b　）　④ お茶を飲む　　（　a　　b　）
② 料理を食べる　（　a　　b　）　⑤ コーヒーを飲む（　a　　b　）
③ おやつを食べる（　a　　b　）　⑥ 酒を飲む　　　（　a　　b　）

音の聞き分け（応用①）　　　　　　　　　　　　CD 202

3 音声を聞いて、a、bのうち日本語の意味に合う方を○で囲みなさい。

① 15分間　　（　a　　b　）　④ 7週間　　（　a　　b　）
② 2時　　　（　a　　b　）　⑤ 9か月　　（　a　　b　）
③ 6日間　　（　a　　b　）　⑥ 10年間　　（　a　　b　）

解答⇒ p164

第11天

学習日　／

筆記練習
我有两个手机。 Wǒ yǒu liǎng ge shǒujī.
私は携帯を2つ持っています。…… 所有の"有"

解説と対策
動詞"有"は「持っている、いる」等の所有を表します。また、"有"には第12天（p110）で学習する「ある、いる」という存在を表す用法もあるので、主語が人なのか、あるいは場所なのかに注意し、両者を混同しないように注意しましょう。

ポイント！
"有"を使った「所有」の表し方

人　＋　"有／没有"　＋　人・物

⇒ 人は人・物が（を）いる／持っている

他 Tā	有 yǒu	三个孩子。 sān ge háizi.	（彼は子どもが3人いる）
我 Wǒ	有 yǒu	两个手机。 liǎng ge shǒujī.	（私は携帯を2つ持っている）
你 Nǐ	有 yǒu	时间吗？ shíjiān ma?	（あなたは時間がありますか）
小李 Xiǎo Lǐ	没有 méi yǒu	姐姐。 jiějie.	（李さんはお姉さんがいない）

主語の位置には物や動物もきますが、準4級では人がくることが多いです。

簡体字道場

書けそうで書けない字②

机 ◀ 機
"幾"を"几"に。

写 ◀ 寫
最後の一画"一"は突き出ない。

电 ◀ 電
真ん中の縦棒が突き出る。

真 ◀ 真
"目"ではなく"且"、中は三本。

笔 ◀ 筆
"聿"ではなく"毛"。

热 ◀ 熱
左上の"坴"が"扌"になる。

远 ◀ 遠
"袁"を"元"に。

图 ◀ 圖
国構えの中は"冬"。

买 ◀ 買
日本語の字との違いに注意。

练 ◀ 練
糸偏の右側は"东"ではない。

听 ◀ 聽
日本語の字との違いに注意。

包 ◀ 包
"己"が突き出て"巳"になる。

---

11 我有两个手机。……所有の"有"

練習問題

1 日本語の意味になるように①~④を並び替えたとき、[　]内に入るものはどれか、その番号を書きなさい。

1) 先生は明日の晩時間がありますか。
   明天晚上 _____ _____ [_____] _____ ?
   ①有　　②老师　　③吗　　④时间

2) 私の母にも兄が3人います。（第77回）
   我妈妈 _____ _____ _____ [_____]。
   ①哥哥　　②也　　③三个　　④有

2 日本語の意味に合う中国語を、①~④の中から1つ選びなさい。

1) 私はたくさん辞書を持っています。
   ①我很多词典有。　　②我有很多词典。
   ③我很多有词典。　　④我有词典很多。

2) 彼は妹さんが2人いますか。
   ①他妹妹有两个吗?　　②他两个妹妹有吗?
   ③他有两个吗妹妹?　　④他有两个妹妹吗?

3 日本語を中国語に訳したとき、下線部の日本語にあたる漢字（簡体字）を書きなさい。

1) 発音は難しい。
2) 自転車
3) 彼は15歳です。
4) 朝ご飯を食べる。

解答・解説   CD 203

1 1) ❹ **明天晚上老师有时间吗？** Míngtiān wǎnshang lǎoshī yǒu shíjiān ma?

「人＋"有"＋物」の順に並べ、最後に"吗？"を。

2) ❶ **我妈妈也有三个哥哥**。 Wǒ māma yě yǒu sān ge gēge.

「3人の兄」は 数詞＋量詞＋名詞 より"三个哥哥"→ p94。「人＋"有"＋人」の順に並べ、副詞"也"は動詞の前に→ p76。

2 1) ❷ **我有很多词典**。 Wǒ yǒu hěn duō cídiǎn.

「人＋"有"＋人」の順に並べる。「たくさん（の）辞書」は"很多词典"。

2) ❹ **他有两个妹妹吗？** Tā yǒu liǎng ge mèimei ma?

「2人の妹」は"两个妹妹"。「人＋"有"＋人」の順に並べ、最後に"吗"を。

要チェック

所有を表す"有"は「人」が主語に、存在を表す"有"は「場所」が主語（→ p110）になります。ただし否定形はどちらも副詞"没"を使います。

3 1) 难 **发音很难**。 Fāyīn hěn nán.

日本語と異なる左側に注意→ p69。

2) 自行车 zìxíngchē

誤答が多い問題。"车"は要注意→ p27。

3) 岁 **他十五岁**。 Tā shíwǔ suì.

p19 の年齢を尋ねる文型と共に覚えよう！

4) 早饭 **吃早饭**。 chī zǎofàn.

"反"の"ノ"は、日本語の「反」とは逆に右から左にはらう→ p69。

リスニング練習
留学生 liúxuéshēng. 留学生

消える母音 "iou" "uei" "uen"

解説と対策
"iou" "uei" "uen" が、子音と結び付くとき、真ん中の "o" "e" "e" を書きません。しかし、発音するときには "o" "e" "e" を入れて読むため、試験でもこれらがある綴りを探そうとする人が少なくありません。消える母音はこの3つだけなので、しっかりと覚えましょう。

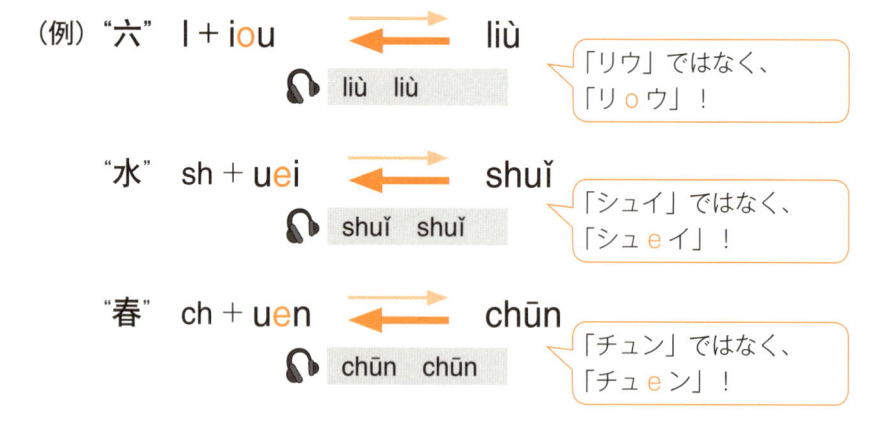

ポイント！
消える母音　　　　　　　　　　　　　　　　　CD 204

（例）"六"　l + iou　⇐　liù
　　　　　　liù　liù
「リウ」ではなく、「リoウ」！

"水"　sh + uei　⇐　shuǐ
　　　　　shuǐ　shuǐ
「シュイ」ではなく、「シュeイ」！

"春"　ch + uen　⇐　chūn
　　　　　chūn　chūn
「チュン」ではなく、「チュeン」！

右から左への矢印 ⇐ に注意！
"liu" "shui" "chun" などを見たときに、"o" "e" "e" が消えていると見破れるようにしよう。

> 練習問題

1 これから読む 1)～ 8)の中国語と一致するものを、それぞれ①～④の中から1つ選びなさい。

※この問題は全問を1トラックに収録しています。　　CD 205

1) ① liù　② jiù　③ liū　④ jiū
2) ① huí　② hóu　③ huì　④ hòu
3) ① kùn　② fèn　③ kūn　④ fēn
4) ① duì　② tuì　③ duī　④ tuī
5) ① jiǔ　② qiū　③ qiú　④ jiù
6) ① zūn　② rùn　③ cún　④ rén
7) ① shuǐ　② suì　③ shuì　④ suī
8) ① gùn　② hùn　③ gǔn　④ hūn

2 1)～ 4)の中国語と一致するものを、それぞれ①～④の中から1つ選びなさい。

1) huìbào　① ② ③ ④　CD 206
2) chēlún　① ② ③ ④　CD 207
3) jièjiǔ　① ② ③ ④　CD 208
4) hùnzá　① ② ③ ④　CD 209

11 留学生……消える母音 "iou" "uei" "uen"

> 解答

1
1) ③　3) ③　5) ①　7) ①
2) ①　4) ④　6) ③　8) ③

2
1) ① huíjiā　② wánjiā　❸ huìbào　④ shuìjiào
2) ❶ chēlún　② chīhūn　③ jīlún　④ chètuì
3) ❶ jièjiǔ　② jiéyuē　③ jiēqiú　④ jiěyuē
4) ① kùnfá　② kǔnbǎng　❸ hùnzá　④ gùnbàng

場面の一言

「ありがとう」と言われたとき（第64回）
感謝されたとき（第74回）
相手がお礼を言ったとき

不用 谢！／别 客气！　CD 210
Búyòng xiè!　　Bié kèqi!
（どういたしまして）

練習問題

1) CD 211　2) CD 212　3) CD 213

1)～3)のような場合、中国語ではどのように言うのが適当か、①～④から1つ選びなさい。

1) 人を見送るとき（第71回）　　①　②　③　④
2) 人を出迎えるとき　　　　　　①　②　③　④
3) 何を買うかと尋ねるとき　　　①　②　③　④

解答

1) ① 我走了。Wǒ zǒu le.（失礼します）
   ② 请喝茶！Qǐng hē chá!（お茶をどうぞ）
   ❸ 请慢走！Qǐng mànzǒu!（お気をつけてお帰りください）
   ④ 我回来了！Wǒ huílai le!（ただいま戻りました）

2) ① 我们走吧。Wǒmen zǒu ba.（私たちは行きましょう）
   ❷ 欢迎，欢迎！Huānyíng, huānyíng!（ようこそいらっしゃいませ）
   ③ 一路平安！Yílù píng'ān!（道中ご無事で）
   ④ 你怎么了？Nǐ zěnme le?（あなたどうしたの？）

3) ① 这是什么？Zhè shì shénme?（これは何ですか）
   ② 你看什么？Nǐ kàn shénme?（あなたは何を見ますか）
   ③ 我也买。Wǒ yě mǎi.（私も買います）
   ❹ 你买什么？Nǐ mǎi shénme?（あなたは何を買いますか）

単語トレーニング⑪

正しいピンイン選択　CD 214

1　音声を聞いて、【　】の中から正しいピンイン表記を選びなさい。

① 话（話）　　　【 fā　　　huā　　　fà　　　huà 】
② 人（人）　　　【 rén　　　réng　　　rèn　　　rèng 】
③ 忙（忙しい）　【 màn　　　màng　　　mán　　　máng 】
④ 便宜（安い）　【 piányi　　biányi　　piányì　　biányì 】
⑤ 作业（宿題）　【 zuòyì　　zuòyè　　zòuyì　　zòuyè 】
⑥ 身体（体）　　【 xiāntǐ　　shēngtǐ　　shēntǐ　　shōngtǐ 】

音の聞き分け（いろいろな動作②）　CD 215

2　音声を聞いて、a、bのうち日本語の意味に合う方を○で囲みなさい。

① 学校へ通う　　（ a　　b ）　　④ 自転車に乗る　（ a　　b ）
② 宿題をする　　（ a　　b ）　　⑤ 手紙を出す　　（ a　　b ）
③ 新聞を読む　　（ a　　b ）　　⑥ 旅行する　　　（ a　　b ）

音の聞き分け（応用②）　CD 216

3　音声を聞いて、a、bのうち日本語の意味に合う方を○で囲みなさい。

① 1日半　　　　（ a　　b ）　　④ 4時半　　　　（ a　　b ）
② 2か月半　　　（ a　　b ）　　⑤ 5時間半　　　（ a　　b ）
③ 3年半　　　　（ a　　b ）　　⑥ 半分　　　　　（ a　　b ）

解答⇒ p165

第12天

学習日 ／

筆記練習
我家在车站后边（儿）。 Wǒ jiā zài chēzhàn hòubian(r).
私の家は駅の後ろにあります。 …… **存在文**

～ 解説と対策 ～
"有"と"在"は、どちらも「ある、いる」という存在を表す動詞のため、混同してしまう人がいます。2つを使い分けるポイントは、下の文型にあてはめながら、「人・物」あるいは「場所」の、どちらが前に置かれるか（＝主語か）を見分けることです。また、「場所」を表す言葉にはどのようなものがあるのかも、合わせてチェックしましょう。試験では副詞に次いで頻出の項目です！

ポイント！
1. "在"を使った存在文

```
人・物  ＋  "在／不在"  ＋  場所
```

⇒ 人・物 が 場所 にある／いる

我 家 在 车站 后边（儿）。　　　（私の家は駅の後ろにある）
Wǒ jiā zài chēzhàn hòubian(r).

小 王 不 在 公司。　　　（王さんは会社にいない）
Xiǎo Wáng bú zài gōngsī.

2. "有"を使った存在文

場所 ＋ "有／没有" ＋ 人・物

⇒ 場所 に 人・物 がある／いる

学校 前边 有 一 个 咖啡馆。（学校の前に喫茶店がある）
Xuéxiào qiánbian yǒu yí ge kāfēiguǎn.

我 的 房间 里 没 有 椅子。（私の部屋にはイスがない）
Wǒ de fángjiān li méi yǒu yǐzi.

3. 試験によく出る「場所」を表す言葉

这儿 zhèr （ここ、そこ）　　那儿 nàr （あそこ、そこ）　　哪儿 nǎr （どこ）

对面 duìmiàn （向い側）　　前面 qiánmiàn （前）　　附近 fùjìn （近く）
旁边(儿) pángbiān(r) （そば）　　北边(儿) běibian(r) （北側）
后边(儿) hòubian(r) （後ろ）

「駅の後ろ」「学校の前」は"车站（的）后边""学校（的）前边"で、日本語と同じ語順になる。

"〜上 shang"（上）　　"〜里 li"（中）

"〜上"や"〜里"は他の名詞について「場所を表す名詞」を作る。

桌子上 zhuōzi shang （机の上）　　沙发上 shāfā shang （ソファーの上）
教室里 jiàoshì li （教室の中）　　房间里 fángjiān li （部屋の中）

> "我的房间里没有椅子。"（私の部屋にはイスがない）のように、日本語に訳すと「〜の中」が省略されることもあります。

---

12 我家在车站后边（儿）。……存在文

練習問題

1 空欄を埋めるのに最も適した中国語を、①〜④から1つ選びなさい。

1) 銀行はどこにありますか。
   银行（　　　）哪儿?
   ①有　　②是　　③没　　④在

2) 教室に学生が一人います。(第72回)
   教室里（　　　）一个学生。
   ①有　　②在　　③是　　④少

3) 喫茶店は郵便局のそばにあります。
   咖啡馆（　　　）邮局旁边儿。
   ①有　　②不　　③是　　④在

2 日本語の意味になるように①〜④を並び替えたとき、[　　]内に入るものはどれか、その番号を書きなさい。

1) 私の家は駅のそばではありません。(第77回)
   我家 _____ [_____] _____ _____。
   ①不　　②附近　　③在　　④车站

2) 図書館にはコンピューターがありません。
   _____ [_____] _____ _____。
   ①图书馆里　　②有　　③没　　④电脑

3 日本語の意味に合う中国語を、①〜④の中から1つ選びなさい。

1) 食堂はあのビルの中にあります。(第71回)
   ①那座大楼里食堂在。　　②食堂那座大楼里在。
   ③那座大楼里在食堂。　　④食堂在那座大楼里。

2) 中国にはたくさんの工場があります。
   ①中国很多工厂有。　　②中国有很多工厂。
   ③中国工厂很多有。　　④中国有工厂很多。

3) 寄宿舎は学校の近くにあります。(第72回)
   ①宿舍学校附近在。　　②宿舍学校在附近。
   ③宿舍在学校附近。　　④宿舍在附近学校。

解答・解説

1 1) ④ **银行在哪儿?** Yínháng zài nǎr?

"银行"（物）が前にある（＝主語）ので、「物＋"在"＋場所」の文型だとわかる。

这个 zhège（これ、それ）	这儿 zhèr（ここ、そこ）
那个 nàge（あれ、それ）	那儿 nàr （あそこ、そこ）
哪个 nǎge （どれ）	哪儿 nǎr （どこ）　正確に区別しましょう！

2) ① **教室里有一个学生**。Jiàoshì li yǒu yí ge xuésheng.

誤答が多かった問題。場所を表す"教室里"が前にあるので、「場所＋"有"＋人」の文型だとわかる。

3) ④ **咖啡馆在邮局旁边儿**。Kāfēiguǎn zài yóujú pángbiānr.

"咖啡馆"（物）が前にあるので、「物＋"在"＋場所」の文型。

2 1) ③ **我家不在车站附近**。Wǒ jiā bú zài chēzhàn fùjìn.

「私の家（物）」が主語であることから「物＋"在"＋場所」の否定形だとわかる。

2) ③ **图书馆里没有电脑**。Túshūguǎn li méi yǒu diànnǎo.

「図書館（場所）にはコンピューター（物）がありません」より、「場所＋"有"＋物」の否定形。

3 1) ④ **食堂在那座大楼里**。Shítáng zài nà zuò dàlóu li.

「食堂（物）はあのビルの中（場所）にあります」より、「物＋"在"＋場所」の文型。

2) ② **中国有很多工厂**。Zhōngguó yǒu hěn duō gōngchǎng.

「中国（場所）にはたくさんの工場（物）があります」より、「場所＋"有"＋物」の文型。

3) ③ **宿舍在学校附近**。Sùshè zài xuéxiào fùjìn.

「寄宿舎（物）は学校の近く（場所）にあります」より、「物＋"在"＋場所」の文型。

> **要チェック**
> p111の「場所」を表す言葉を手がかりにして、まず場所が何かを確認し、次に前に置かれるもの（＝主語）が「場所」かあるいは「人・物」なのかをチェックしましょう！

12　我家在车站后边（儿）。……存在文

リスニング練習
学校 xuéxiào　学校

"ü" の聞き分け

解説と対策
"ü" は "u" と全く異なる音ですが、"j" "q" "x" の3つの子音の直後にくるとき、"¨"（ウムラウト）をとって "u" と表記します。そのため、これを混同して "u" と発音してしまう人がたくさんいますが、"¨" があることを忘れないようにしましょう。

ポイント！
"ü" を "u" と表記するとき

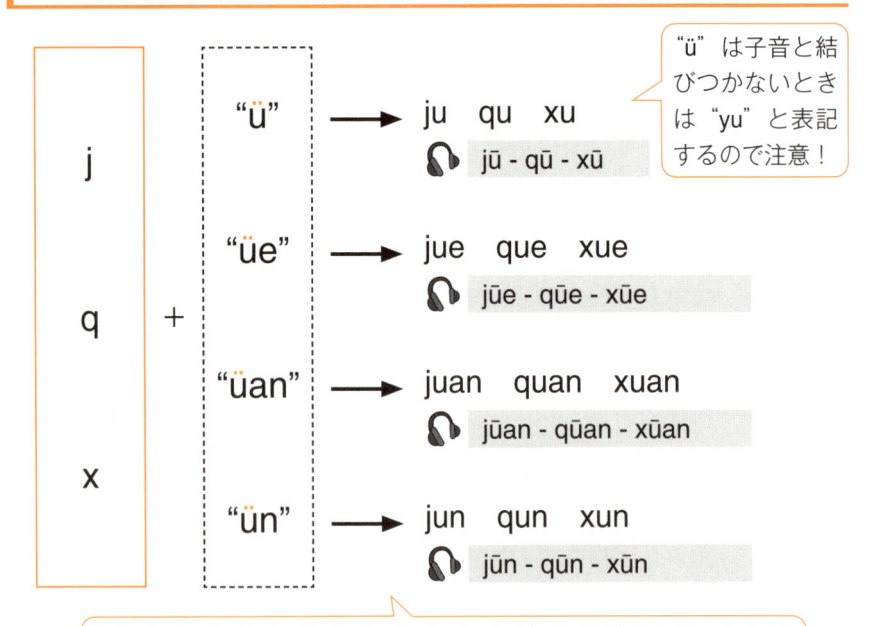

CD 218

j / q / x ＋

- "ü" → ju　qu　xu
  - jū - qū - xū
- "üe" → jue　que　xue
  - jūe - qūe - xūe
- "üan" → juan　quan　xuan
  - jūan - qūan - xūan
- "ün" → jun　qun　xun
  - jūn - qūn - xūn

> "ü" は子音と結びつかないときは "yu" と表記するので注意！

> "ju" "qu" "xu" と "jiu" "qiu" "xiu" を聞き間違える人がいますが、"jiu" "qiu" "xiu" の "-iu" は、第11天の「消える母音」-iou です。音の違いを覚えましょう！

練習問題

1 a、bのうち、母音 "ü" を含むもの ("ü" であるもの) を選びなさい。

1) (a b) CD 219 5) (a b) CD 223
2) (a b) CD 220 6) (a b) CD 224
3) (a b) CD 221 7) (a b) CD 225
4) (a b) CD 222 8) (a b) CD 226

2 これから読む1)～2)の中国語と一致するものを、それぞれ①～④の中から1つ選びなさい。

※この問題は1)2)を1トラックに収録しています。 CD 227

1) ① jiān ② quān ③ qiū ④ jiū
2) ① yuàn ② yuè ③ yòu ④ yù

3)～4)のピンイン表記と一致するものを、それぞれ①～④の中から1つ選びなさい。

3) xiàyǔ ① ② ③ ④ CD 228
4) yīngjùn ① ② ③ ④ CD 229

解　答

1
1) a jiū　　b jū　　　5) a yōng　b yuān
2) a jiě　　b jǔ　　　6) a xǐ　　b xú
3) a yún　　b yóu　　　7) a qiú　　b qué
4) a xiǔ　　b xuě　　　8) a yuè　　b yè

2
1) ②
2) ④
3) ❶ xiàyǔ　② jiǔyuè　③ xiàxuě　④ xiàwǔ
4) ① yīnyuè　❷ yīngjùn　③ yǐnyuē　④ lǐngjūn

12　学校……"ü"の聞き分け

場面の一言

謝るとき（第70回）
迷惑をかけたとき
相手に申し訳ない気持ちを表すとき

对不起！
Duìbuqǐ!
（ごめんなさい）

CD 230

練習問題　1) CD 231　2) CD 232　3) CD 233

1)～3) のような場合、中国語ではどのように言うのが適当か、①～④から1つ選びなさい。

1) 感謝するとき（第70回）　　①　②　③　④
2) 同年代に年齢を尋ねるとき　①　②　③　④
3) お茶をすすめるとき　　　　①　②　③　④

解　答

1) ❶ **谢谢您！** Xièxie nín!（ありがとうございます）
   ② **不谢！** Bú xiè!（どういたしまして）
   ③ **真好！** Zhēn hǎo!（実にいい）
   ④ **回头见！** Huítóu jiàn!（またあとで）

2) ❶ **你多大？** Nǐ duō dà?（あなたはいくつですか）
   ② **你几岁？** Nǐ jǐ suì?（あなたはいくつ？）
   ③ **你有几个妹妹？** Nǐ yǒu jǐ ge mèimei?
     （あなたは妹さんが何人いますか）
   ④ **你买多少？** Nǐ mǎi duōshao?（あなたはいくつ買いますか）

3) ① **请进！** Qǐng jìn!（どうぞお入りください）
   ❷ **请喝茶！** Qǐng hē chá!（どうぞお茶をお召し上がりください）
   ③ **请慢走！** Qǐng mànzǒu!（どうぞお気をつけて）
   ④ **请原谅！** Qǐng yuánliàng!（どうかお許しください）

単語トレーニング⑫

正しいピンイン選択　CD 234

1 音声を聞いて、【　】の中から正しいピンイン表記を選びなさい。

① 吃　（食べる）　【 qī　　　qí　　　chī　　　chí 】
② 回　（戻る・帰る）【 fēi　　　huī　　　féi　　　huí 】
③ 时　（時・時間）　【 xì　　　xí　　　shì　　　shí 】
④ 参加（参加する）　【 cānjiā　cānqiā　zānjiā　zānqiā 】
⑤ 房间（部屋）　　【 fángjiāng　fángjiān　fánjiāng　fánjiān 】
⑥ 本子（ノート）　【 běnji　pěngzi　běnzi　pěngji 】

音の聞き分け（いろいろな動作③）　CD 235

2 音声を聞いて、a、bのうち日本語の意味に合う方を○で囲みなさい。

① 映画を見る　　　（ a　b ）　④ 音楽を聞く　　（ a　b ）
② テレビを見る　　（ a　b ）　⑤ 洋服を買う　　（ a　b ）
③ 外国語を勉強する（ a　b ）　⑥ テニスをする　（ a　b ）

音の聞き分け（応用③）　CD 236

3 音声を聞いて、a、bのうち日本語の意味に合う方を○で囲みなさい。

① 2014年　　（ a　b ）　④ 7か月　　（ a　b ）
② 14年間　　（ a　b ）　⑤ 4、5日　　（ a　b ）
③ 6月6日　　（ a　b ）　⑥ 2、3時間　（ a　b ）

解答⇒ p166

第13天

筆記練習

我去北京留学。 Wǒ qù Běijīng liúxué.
　　　　　　　　私は北京へ留学します。…… **連動文**

解説と対策

1つの主語に2つ以上の動詞や動詞フレーズ（動詞句）が連なった文のことを連動文といいます。これらの動詞や動詞フレーズは動作を行う順番に並び、目的と手段・方法を表します。

ポイント！
動作を行う順番に並べる

主語 ＋ 動作1 ＋ 動作2

我　　　去 北京　　　　留学。
Wǒ　　 qù Běijīng　　 liúxué.

北京へ行く　　それから　　留学する

まず「北京へ行く」それから「留学する」というように、実際に動作を行う順番に並べる。

① 動作2 が目的を表す

哥哥 　**去 京都** 　　　　　**旅行。**
Gēge　　qù　Jīngdū　　　　　lǚxíng.

京都へ行く　　それから　　旅行する

「旅行する」目的で「京都へ行く」となり、「兄は京都へ旅行に行きます」という訳になる。

② 動作1 が手段・方法を表す

我 　**坐 飞机** 　　　　　**去 美国。**
Wǒ　　zuò　fēijī　　　　　qù　Měiguó.

飛行機に乗る　　それから　　アメリカに行く

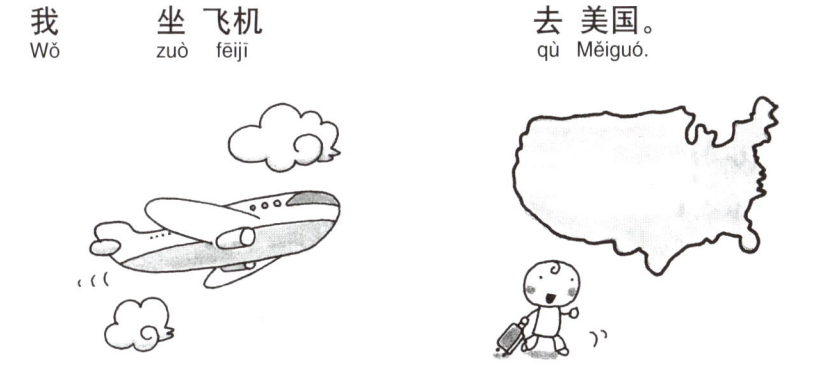

「飛行機に乗る」という手段・方法で「アメリカに行く」となり、「私は飛行機でアメリカに行く」となる。

> 目的を表す場合だけでなく、手段・方法を表すときも語順は必ず動作を行う順番になるので注意しましょう！

13　我去北京留学。……連動文

練習問題

1 日本語の意味になるように①〜④を並び替えたとき、[ ]内に入るものはどれか、その番号を書きなさい。

1) 王さんは明日私の家へ遊びに来ます。（第66回）
   小王 ＿＿＿＿ ＿＿＿＿ ＿＿＿＿ [＿＿＿＿]。
   ①玩儿　　②来　　③明天　　④我家

2) 私は車を運転して郵便局に行きます。
   我 ＿＿＿＿ ＿＿＿＿ [＿＿＿＿] ＿＿＿＿。
   ①开　　②去　　③车　　④邮局

2 日本語の意味に合う中国語を、①〜④の中から1つ選びなさい。

1) 私たちは図書館へ勉強しに行きます。
   ①我们图书馆去学习。　　②我们学习去图书馆。
   ③我们去学习图书馆。　　④我们去图书馆学习。

2) 私は毎日電車で会社に行きます。（第75回）
   ①我每天电车坐公司去。　　②我每天去公司坐电车。
   ③我每天电车坐去公司。　　④我每天坐电车去公司。

3 日本語を中国語に訳したとき、下線部の日本語にあたる漢字（簡体字）を書きなさい。

1) <u>何</u>を食べますか。
2) <u>音楽</u>を聴く。
3) <u>車</u>を運転する。
4) <u>薬</u>を飲む。

解答・解説 　　　　　　　　　　　　　　　　CD 237

1 1) ❶ **小王明天来我家玩儿**。Xiǎo Wáng míngtiān lái wǒ jiā wánr.

「私の家に来る」それから「遊ぶ」という動作を行う順番に並べる。動作2の「遊ぶ」が目的を表すので「私の家に遊びに来る」という訳に。時間詞"明天"は動詞の前（主語の前後）に→ p60。

2) ❷ **我开车去邮局**。Wǒ kāichē qù yóujú.

「車を運転する」それから「郵便局に行く」という動作を行う順番で。動作1の「車を運転する」が手段・方法を表すので「車を運転して郵便局に行く」に。

2 1) ❹ **我们去图书馆学习**。Wǒmen qù túshūguǎn xuéxí.

「図書館へ行く」それから「勉強する」という動作を行う順番に。動作2の「勉強する」が目的を表すので「図書館へ勉強しに行く」。

2) ❹ **我每天坐电车去公司**。Wǒ měi tiān zuò diànchē qù gōngsī.

「電車に乗る」それから「会社に行く」という動作を行う順番に。動作1の「電車に乗る」が手段・方法を表すので「電車で会社に行く」となる。

> **要チェック**
>
> 日本語では「図書館へ勉強しに行く」とも「勉強しに図書館へ行く」とも訳せます。また、「電車で会社に行く」「会社に電車で行く」とも訳せますが、中国語では1通りしか言えません。それが動作を行う順番です！

3 1) **什么** 吃什么？ Chī shénme?

最頻出の疑問詞。合わせてピンインも覚えよう。

2) **音乐** 听音乐。Tīng yīnyuè.

"乐"の書き順→ p27。

3) **开车** Kāichē.

"开"→ p69、"车"→ p27。

4) **药** 吃药。Chī yào.

誤答が多い字。日本語と違うので注意が必要→ p69。

リスニング練習
牛肉 niúròu　牛肉

"l" と "r"、"uo" と "ou"

解説と対策
"l" と "r" は舌先の使い方により、音に違いが出ますが、苦手とする人が少なくありません。また、"ou" と "uo" は表記が異なるにもかかわらず、区別をあいまいにしたまま発音してしまいがちです。

ポイント！

CD 238

1. "l" と "r" の違い

① 子音 "l" は舌先を上あごにつけて、**すぐ離す**

　lē-lē　lī-lī

② 子音 "r" は舌先を上あごにつけず、**反らせたまま**

　rē-rē　rī-rī
　lē-rē　lī-rī

> 日本語のラ行に近い音は "l" です！

2. "ou" と "uo" の違い

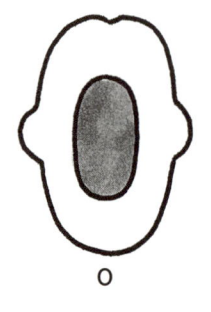

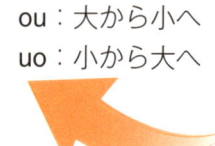

ou：大から小へ
uo：小から大へ

o　　　　　　　　u

　ō-ōu　ō-ōu
　ū-uō　ū-uō

> 音節の始めだけでなく、終わりまで集中して聞きましょう。

練習問題

1 a、bのうち、子音が"r"であるものを選びなさい。

1) (a   b) CD 239   3) (a   b) CD 241
2) (a   b) CD 240   4) (a   b) CD 242

母音が"ou"であるものを選びなさい。

5) (a   b) CD 243   7) (a   b) CD 245
6) (a   b) CD 244   8) (a   b) CD 246

2 これから読む1)〜2)の中国語と一致するものを、それぞれ①〜④の中から1つ選びなさい。

※この問題は1)2)を1トラックに収録しています。　　CD 247

1) ① rè   ② lè   ③ là   ④ dà
2) ① duō   ② dōu   ③ tuō   ④ tōu

3)〜4)のピンイン表記と一致するものを、それぞれ①〜④の中から1つ選びなさい。

3) rìzi   ①   ②   ③   ④   CD 248
4) Ōuzhōu   ①   ②   ③   ④   CD 249

解 答

1
1) a ròu   b lòu   5) a zhōu   b zhuō
2) a rú   b lú   6) a ròu   b ruò
3) a lún   b rén   7) a kuò   b kòu
4) a lè   b rè   8) a chuō   b chōu

2
1) ①
2) ②
3) ❶ rìzi   ② lèzi   ③ làzi   ④ lìzi
4) ❶ Ōuzhōu ② wòchuò ③ luōsuo ④ sōusuǒ

13　牛肉……"l"と"r"、"uo"と"ou"

場面の一言

面倒をかけたとき（第70回）（第72回）
相手に何かをしてもらったとき
相手に頼みごとをしたとき

麻烦 你 了！
Máfan nǐ le!
（お手数をおかけしました）

CD 250

練習問題

1) CD 251　2) CD 252　3) CD 253

1)〜3)のような場合、中国語ではどのように言うのが適当か、①〜④から1つ選びなさい。

1) 市場でみかんを買いたいとき（第66回）　①　②　③　④
2) 彼は誰かと尋ねるとき　①　②　③　④
3) 夜会ったとき　①　②　③　④

解答

1) ❶ 有桔子吗？　Yǒu júzi ma?（みかん、ありますか）
　 ② 你有多少钱？　Nǐ yǒu duōshao qián?（あなたはいくら持っていますか）
　 ③ 我不吃面包。　Wǒ bù chī miànbāo.（私はパンは食べません）
　 ④ 她喜欢乌龙茶。　Tā xǐhuan wūlóngchá.（彼女はウーロン茶が好きです）

2) ① 真好喝！　Zhēn hǎohē!（（飲み物が）本当においしい）
　 ② 我不知道。　Wǒ bù zhīdao.（私は知りません／わかりません）
　 ③ 他是我哥哥。　Tā shì wǒ gēge.（彼は私の兄です）
　 ❹ 他是谁？　Tā shì shéi?（彼は誰ですか）

3) ① 早上好！　Zǎoshang hǎo!（おはよう）
　 ❷ 晚上好！　Wǎnshang hǎo!（こんばんは）
　 ③ 小心一点儿！　Xiǎoxīn yìdiǎnr（ちょっと気をつけて）
　 ④ 太晚了！　Tài wǎn le!（とても遅い／遅すぎる）

単語トレーニング⑬

正しいピンイン選択 (CD 254)

1　音声を聞いて、【　】の中から正しいピンイン表記を選びなさい。

① 姓　（苗字／〜という）【 xìn　　xìng　　xín　　xíng 】

② 都　（みな／すべて）【 dōu　　tōu　　duō　　tuō 】

③ 叫　（〜という／呼ぶ）【 zhào　　jiào　　chào　　qiào 】

④ 电影（映画）　　　　【 tiānyǐng　tiānyǐn　diànyǐng　diànyǐn 】

⑤ 厕所（トイレ）　　　【 chèsuǒ　chèsǒu　cèsuǒ　cèsǒu 】

⑥ 水果（くだもの）　　【 shuǐguǒ　shuǐgǒu　shuíguǒ　shuígǒu 】

音の聞き分け（形容詞①） (CD 255)

2　音声を聞いて、a、bのうち日本語の意味に合う方を○で囲みなさい。

① 速い　　　　（ a 　 b ）　　④ 安い　　　　（ a 　 b ）

② 長い　　　　（ a 　 b ）　　⑤ 便利である　（ a 　 b ）

③ 難しい　　　（ a 　 b ）　　⑥ 遠い　　　　（ a 　 b ）

音の聞き分け（応用④） (CD 256)

3　音声を聞いて、a、bのうち日本語の意味に合う方を○で囲みなさい。

① 2回　　　　（ a 　 b ）　　④ 5日前　　　（ a 　 b ）

② 3回目　　　（ a 　 b ）　　⑤ 第6課　　　（ a 　 b ）

③ 4か月後　　（ a 　 b ）　　⑥ 7日目　　　（ a 　 b ）

解答⇒ p167

確認しよう！
４つの述語文

　中国語の文を「主語と述語の関係」によって分けると、4つのグループに分かれます。1つは形容詞を述語とする形容詞述語文で、試験にも繰り返し出題されています（→p128）。2つめは動詞を述語とする動詞述語文で、存在文（→p110）や連動文（→p118）等はこれに含まれます。3つめは名詞を述語とする名詞述語文で、述語部分の名詞は年月日、時刻、数量などです（→p136）。そして4つめに、「主語＋述語」の組み合わせ

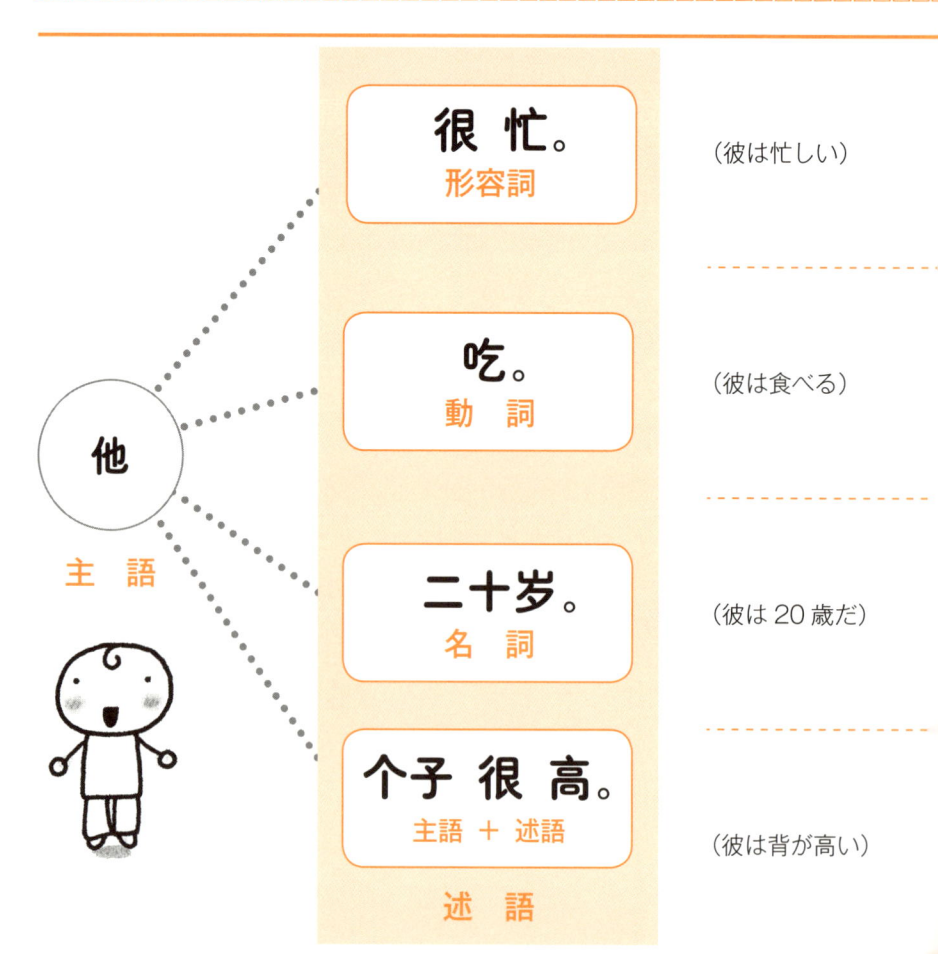

主語	述語	
他	很忙。 形容詞	（彼は忙しい）
他	吃。 動詞	（彼は食べる）
他	二十岁。 名詞	（彼は20歳だ）
他	个子 很 高。 主語 ＋ 述語	（彼は背が高い）

をさらに述語にする、という主述述語文があります（→p137）。名前だけ見るとわかりにくいですが、実は日本語にもよく似た文型があります。

　試験には「〜述語文」といった名称自体は出題されませんが、それぞれの述語文には共通したルールがあります。ですから中国語の文を見たら述語部分に注目し、形容詞なのか、動詞なのか、あるいは名詞なのか「主語＋述語」の組み合わせなのかを、見分けられるようにしましょう！

形容詞述語文　　　　（→p128)

動詞述語文　　存在文（→p110)
　　　　　　　連動文（→p118)

名詞述語文　　　　（→p136)

主述述語文　　　　（→p137)

第14天

筆記練習

车站很远。 Chēzhàn hěn yuǎn.
駅は遠い。…… **形容詞述語文**

解説と対策

形容詞を述語とする「形容詞述語文」を苦手とする人は少なくなく、試験での正答率も決して高くありません。注意点は以下の4つですが、特に④については、否定の副詞"不"の用法（→ p84）と照らし合わせながら学習を進めましょう。

ポイント！
形容詞述語文に関する注意点 4 つ！

① "是" など動詞は不要

　　今天　　很 冷。　　　　　　　　　　　　（今日は寒い）
　　Jīntiān　　hěn lěng.

　　今天 是 很 冷。

日本語では「今日は寒いです」のように「〜です」を加えて言うことがあるが、中国語では下の文のように"是"を加えないので注意しよう！

② 肯定文では "很" が必要

　　小 王 的 衣服 很 贵。　　　　　　　　（王さんの服は高い）
　　Xiǎo Wáng de　yīfu　hěn guì.

　　小 王 的 衣服 　 贵。　　　　　　　　（王さんの服のほうが高い）

形容詞が述語になるときは、"很"のような程度を表す副詞が必要。もし下の文のように副詞がない場合には、「王さんの服は高いけれど、（私の服は安物だ）」のような、比較のニュアンスが生じてしまう。
また、副詞"很"（→ p76）には「とても」という意味があるが、とくに強調して発音しない限り、「とても」という意味は出ない。

③ 否定文や疑問文では"很"は不要

这个 苹果 不 甜。 （このリンゴは甘くない）
Zhège píngguǒ bù tián.

车站 远 吗？ （駅は遠いですか）
Chēzhàn yuǎn ma?

否定文や疑問文では、副詞"很"を加えなくても比較のニュアンスは生じない。

④ 現在も過去も同じ文型

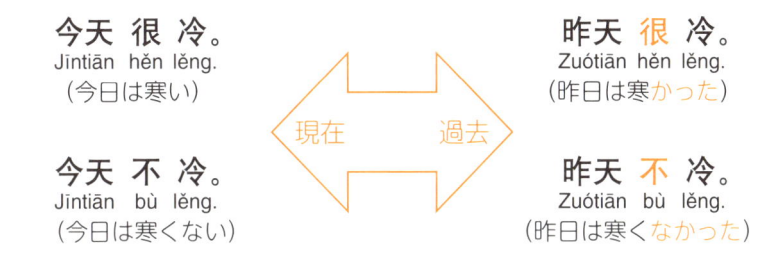

今天 很 冷。 （今日は寒い）
Jīntiān hěn lěng.

昨天 很 冷。 （昨日は寒かった）
Zuótiān hěn lěng.

現在 ⇔ 過去

今天 不 冷。 （今日は寒くない）
Jīntiān bù lěng.

昨天 不 冷。 （昨日は寒くなかった）
Zuótiān bù lěng.

否定文も現在・過去とも同じ文型になる。「〜なかった」というと"没(有)"を思い出しがちだが、形容詞は"不"で否定する！（→ p84）

> **練習問題**

1 空欄を埋めるのに最も適した中国語を、①〜④から1つ選びなさい。

1) 中国語は難しくない。
   汉语（　　　）难。
   ①不是　　②很　　③没　　④不

2) 昨日は暑くなかった。（第76回）
   昨天（　　　）热。
   ①没有　　②不　　③不是　　④别

3) この料理はおいしい。
   这个菜（　　　）好吃。
   ①都　　②是　　③很　　④没

4) 病院はあまり近くありません。
   医院（　　　）近。
   ①太　　②是　　③不是　　④不太

5) 昨日買った雑誌は安くなかった。
   昨日买的杂志（　　　）便宜。
   ①没　　②不　　③很　　④不是

2 日本語を中国語に訳したとき、下線部の日本語にあたる漢字（簡体字）を書きなさい。

1) 服を<u>買う</u>。
2) <u>時間</u>がある。
3) お<u>入り</u>ください。
4) <u>電車</u>に乗る。

解答・解説

1 1) ④ 汉语不难。Hànyǔ bù nán.
形容詞"难"の否定は"不"で。

2) ② 昨天不热。Zuótiān bú rè.
注意点④を思い出そう！「暑くなかった」という過去の文も、現在と文型は同じなので、"不"で否定。

3) ③ 这个菜很好吃。Zhège cài hěn hǎochī.
形容詞"好吃"を述語とする形容詞述語文の肯定文では、"很"のような副詞が必要。

4) ④ 医院不太近。Yīyuàn bú tài jìn.
「あまり～でない」は"不太～"。"近"を述語とする形容詞述語文なので、②、③のような"是"は置けない。

5) ② 昨天买的杂志不便宜。Zuótiān mǎi de zázhì bù piányi.
「昨日買った雑誌」は"昨天买的杂志"→ p26。「ポイント！」の③より、否定文では"很"は不要。また、2) 同様過去の文でも"不"で否定。

要チェック
「形容詞述語文」は4級試験でも日文中訳で繰り返し出題されていますので、今の段階からしっかりと理解しておきましょう。

2 1) 买 买衣服。Mǎi yīfu.
"头"の書き順に注意→ p27。

2) 时间 有时间。Yǒu shíjiān.
"间"の門構えに気をつけよう！

3) 请进 Qǐng jìn.
"请"はさんずい偏でなく言偏。

4) 电车 坐电车 Zuò diànchē
"电""车"ともに色々な単語の中で繰り返し出題されている。

リスニング練習
喝咖啡。 Hē kāfēi. コーヒーを飲みます。

"h"と"f"、"e"と"u"

解説と対策
中国語の"fa"は上の歯を下唇の内側に軽く触れさせて発音しますが、このような音は日本語にはなく、"ha"と"fa"を聞き分けられない人がたくさんいます。"he""hu""fu"も頻出なので、"e"と"u"の聞き分けも合わせて練習しましょう。

ポイント！

CD 258

1. "h"と"f"の違い

① "f"は上の歯を下唇の内側に軽く触れさせる

　　fā - fā

② "h"は喉の奥からしぼり出すように　　※喉を強く意識しましょう！

　　hā - hā

　　fā - hā　　hā - huā　　huā - fā

2. "e"と"u"の違い

① "e"は「エ」の口で「オ」

　　ē - ē　　hē - hē

② "u"は口をすぼめて突き出す

　　ū - ū　　hū - hū　　fū - fū

練習問題

1 a、bのうち、子音が "h" であるものを選びなさい。

1) (a b) CD 259   3) (a b) CD 261
2) (a b) CD 260   4) (a b) CD 262

母音が "e" であるものを選びなさい。

5) (a b) CD 263   7) (a b) CD 265
6) (a b) CD 264   8) (a b) CD 266

2 これから読む 1)〜 2) の中国語と一致するものを、それぞれ①〜④の中から1つ選びなさい。

※この問題は 1) 2) を 1 トラックに収録しています。　　CD 267

1) ① fā　　② huā　　③ fān　　④ huān
2) ① hēi　　② fēi　　③ huì　　④ huài

3)〜 4) のピンイン表記と一致するものを、それぞれ①〜④の中から1つ選びなさい。

3) fáqiú　　①　　②　　③　　④　　CD 268
4) fēijī　　①　　②　　③　　④　　CD 269

解 答

1
1) a hēi　　b fēi　　5) a kě　　b kǔ
2) a fó　　b huó　　6) a lù　　b lè
3) a hǒu　　b fǒu　　7) a zé　　b zá
4) a fā　　b huā　　8) a nǔ　　b nē

2
1) ①
2) ③
3) ① hējiǔ　　② hūjiù　　❸ fáqiú　　④ fájiǔ
4) ❶ fēijī　　② huījìn　　③ fújī　　④ hùjí

14

喝咖啡。…… "h" と "f"、"e" と "u"

133

場面の一言

承諾するとき（第75回）
許可するとき
同意するとき

可以！
Kěyǐ!
（よろしい／いいです）

CD 270

練習問題

1) CD 271　2) CD 272　3) CD 273

1)〜3)のような場合、中国語ではどのように言うのが適当か、①〜④から1つ選びなさい。

1) ものを尋ねるとき（第74回）　　① ② ③ ④
2) 友人にお祝いを言うとき　　　　① ② ③ ④
3) どこにあるかと尋ねたいとき　　① ② ③ ④

解答

1) **①** **请问！** Qǐngwèn!（お尋ねします）
   ② **请坐！** Qǐng zuò!（おかけください）
   ③ **是的！** Shì de!（そのとおりです）
   ④ **可以！** Kěyǐ!（よろしい／いいです）

2) **①** **恭喜恭喜！** Gōngxǐ gōngxǐ!（おめでとう）
   ② **你回来了！** Nǐ huílai le!（お帰りなさい）
   ③ **路上好吗？** Lùshang hǎo ma?（道中楽しかった／ご無事でしたか）
   ④ **辛苦了！** Xīnkǔ le!（お疲れ様でした）

3) ① **你说什么？** Nǐ shuō shénme?（あなた何を言うの）
   ② **在哪儿？** Zài nǎr?（どこにありますか）
   ③ **那是谁？** Nà shì shéi?（あれは誰ですか）
   ④ **你叫什么名字？** Nǐ jiào shénme míngzi?
   　　　　　　　　　（あなたのお名前（フルネーム）は）

単語トレーニング⑭

正しいピンイン選択 　CD 274

1 音声を聞いて、【　】の中から正しいピンイン表記を選びなさい。

① 再　（再び）　　　【 shài　　cài　　zài　　sài 】
② 长　（長い）　　　【 chuáng　chén　cháng　chéng 】
③ 笔　（筆／ペン）　【 pǐ　　　bǐ　　　pī　　　bī 】
④ 汽车（自動車）　　【 qìchā　chìchā　chìchē　qìchē 】
⑤ 照片（写真）　　　【 jiàopiàn　zhàopiàn　jiàobiàn　zhànbiàn 】
⑥ 游泳（泳ぐ）　　　【 yóuyǒng　yóuyòng　yǒuyōng　yōuyòng 】

音の聞き分け（形容詞②）　CD 275

2 音声を聞いて、a、b のうち日本語の意味に合う方を○で囲みなさい。

① 寒い　　　　（ a　b ）　　④ 真面目である　　　　　（ a　b ）
② 暑い　　　　（ a　b ）　　⑤ 忙しい　　　　　　　　（ a　b ）
③ 美しい　　　（ a　b ）　　⑥（食べ物が）おいしい　（ a　b ）

音の聞き分け（応用⑤）　CD 276

3 音声を聞いて、a、b のうち日本語の意味に合う方を○で囲みなさい。

① 9時　　　　　　（ a　b ）　　④ 午後　　　　　（ a　b ）
② 車　　　　　　　（ a　b ）　　⑤ 明日　　　　　（ a　b ）
③ 授業が始まる　　（ a　b ）　　⑥ 中国語　　　　（ a　b ）

解答⇒ p168

第15天

学習日 /

筆記練習
今天五号。 Jīntiān wǔ hào. **他个子很高。** Tā gèzi hěn gāo.
今日は5日です。 彼は背が高い。 …… **名詞述語文・主述述語文**

> #### 解説と対策
> 名詞を述語とする「名詞述語文」は、述語部分が年月日・時刻・数量等に限られているため、第1天の年齢、第3天の曜日や値段を問う文等に多く用いられます。また、「主述述語文」は「主語＋述語」を述語にした文のことで、日本語では「彼は背が高い」のように表すことができます。右ページの図を見ながら、文型の特徴をつかみましょう。

ポイント！
1. 名詞述語文

名詞を述語とするため"是"はなくてもよい。

主語		述語（名詞）	
明天 Míngtian	+	六月 七 号。 liùyuè qī hào.	（明日は6月7日です）
那双鞋 Nà shuāng xié		多少 钱？ duōshao qián?	（あの靴はいくらですか）
孩子 Háizi		十二 岁。 shí'èr suì.	（子どもは12歳です）

2. 主述述語文

「主語＋述語」のかたまり＝「主述」が述語になっているので、主述述語文と呼ばれる。

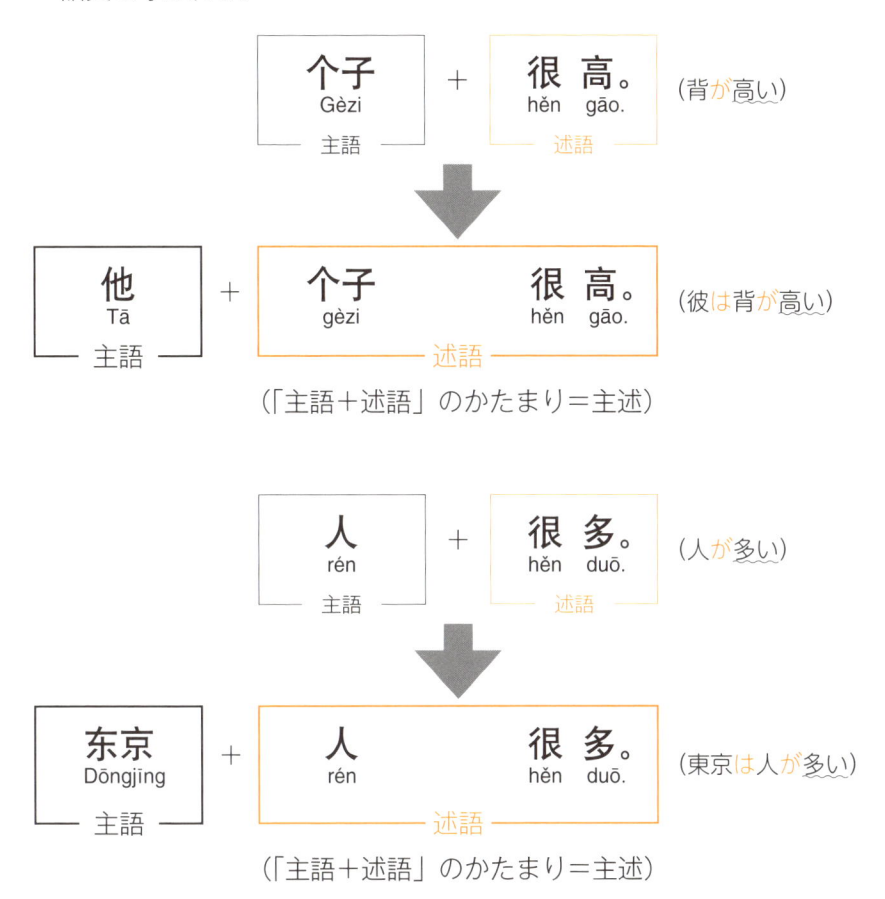

个子 Gèzi（主語）＋ 很 高。hěn gāo.（述語）　（背が高い）

↓

他 Tā（主語）＋ 个子 很 高。gèzi hěn gāo.（述語）　（彼は背が高い）

（「主語＋述語」のかたまり＝主述）

人 rén（主語）＋ 很 多。hěn duō.（述語）　（人が多い）

↓

东京 Dōngjīng（主語）＋ 人 很 多。rén hěn duō.（述語）　（東京は人が多い）

（「主語＋述語」のかたまり＝主述）

要チェック

「〇〇は××が〜」で表される主述述語文は、日本語にも似た表現があるにもかかわらず、誤答が少なくありません。日本語では「は」や「が」等の助詞が入りますが、中国語は語順だけで語と語の関係を表します。ですから上の文型をよく見て、主語と述語がどのような位置に置かれているかをしっかり理解しましょう！

練習問題

1 日本語の意味になるように①〜④を並び替えたとき、[ ]内に入るものはどれか、その番号を書きなさい。

1）彼は勉強が忙しい。（第65回）

＿＿＿＿＿ [＿＿＿＿＿] ＿＿＿＿＿ ＿＿＿＿＿。

①忙　　②他　　③学习　　④很

2）あなたのお父さんは今年おいくつですか。

＿＿＿＿＿ ＿＿＿＿＿ [＿＿＿＿＿] ＿＿＿＿＿？

①多大　　②你爸爸　　③今年　　④岁数

3）鈴木さんは最近体調があまりよくない。

铃木最近 ＿＿＿＿＿ [＿＿＿＿＿] ＿＿＿＿＿ ＿＿＿＿＿。

①身体　　②太　　③好　　④不

2 日本語の意味に合う中国語を、①〜④の中から1つ選びなさい。

1）この切手はいくらですか。

①这张多少钱邮票？　　②多少钱邮票这张？

③这张邮票多少钱？　　④邮票多少钱这张？

2）今日は天気がよくありません。（第74回）

①今天天气不好。　　②今天不好天气。

③今天天气好不。　　④今天好不天气。

3 日本語を中国語に訳したとき、下線部の日本語にあたる漢字（簡体字）を書きなさい。

1）<u>問題</u>がある。

2）<u>黒い</u>服。

3）音楽を<u>聴く</u>。

4）<u>授業</u>が始まる。

解答・解説

1 1) ❸ **他学习很忙**。Tā xuéxí hěn máng.

誤答が多かった問題。まず「彼は勉強が忙しい」より、主述述語文であると判断できるようにしよう。次に、「勉強が忙しい」は"学习很忙"で、そのかたまりが「彼」"他"の述語なので"他＋学习很忙"。

2) ❶ **你爸爸今年多大岁数？** Nǐ bàba jīnnián duō dà suìshù?

述語に"是"を用いない名詞述語文。目上の人等に年齢を尋ねる場合は"多大岁数"を→p19。"今年"を主語の前に置き、"今年你爸爸多大岁数？"とも言える。

3) ❹ **铃木最近身体不太好**。Língmù zuìjìn shēntǐ bú tài hǎo.

「鈴木さんは最近体調があまりよくない」より、述語が"身体不太好"の主述述語文。「あまりよくない」は"不太～"を使って→p76。

2 1) ❸ **这张邮票多少钱？** Zhè zhāng yóupiào duōshao qián?

「この切手」は 数詞＋量詞＋名詞 より"这张邮票"→p94。値段のような数量等を尋ねるときは、名詞を述語にして表すことができる。

2) ❶ **今天天气不好**。Jīntiān tiānqì bù hǎo.

「今日は天気がよくありません」より、「天気がよくありません」"天气不好"を述語とする主述述語文。"今天＋天气不好"の語順に。

3 1) 问题 **有问题**。Yǒu wèntí.
門構え"门"と、"题"の"页"に注意。

2) 黑 **黑衣服**。Hēi yīfu.
上部は「里」ではなく、"黑"→p69。

3) 听 **听音乐**。Tīng yīnyuè.
口偏の右側は"斤"。

4) 上课 **上课**。Shàngkè.
言偏に注意。「授業が終わる」は"下课"。

リスニング問題総合練習

解説と対策
実際の試験と同じ形式で腕だめしをしましょう。できなかったところはその原因を考えて、前のページに戻ってできるまで練習を繰り返してください。

練習問題

1 1. これから読む 1）～5）の中国語と一致するものを、それぞれ①～④の中から 1 つ選びなさい。

※この問題は 1）～5）を 1 トラックに収録しています。　CD 278

1) ① ān　　② én　　③ āng　　④ ēng
2) ① jiǎn　② jiǎng　③ quǎn　④ qiǎng
3) ① rè　　② lè　　③ réng　　④ léng
4) ① zhí　② zhú　③ chí　　④ chú
5) ① duò　② tòu　③ tuò　　④ dòu

2. 6）～10）のピンイン表記と一致するものを、それぞれ①～④の中から 1 つ選びなさい

6) qìchē　　① ② ③ ④　CD 279
7) lǎoshǔ　　① ② ③ ④　CD 280
8) huānyíng　① ② ③ ④　CD 281
9) lǎolù　　① ② ③ ④　CD 282
10) háizi　　① ② ③ ④　CD 283

3. 11)～15)の日本語を中国語で言い表す場合、最も適当なものを、それぞれ①～④の中から1つ選びなさい。

11) 来月　　　①　　②　　③　　④　　CD 284
12) 夜　　　　①　　②　　③　　④　　CD 285
13) テレビ　　①　　②　　③　　④　　CD 286
14) おじいさん①　　②　　③　　④　　CD 287
15) 友達　　　①　　②　　③　　④　　CD 288

4. 1)～5)の日本語を中国語で言い表す場合、最も適当なものを、それぞれ①～④の中から1つ選びなさい。

1) 2013年　　①　　②　　③　　④　　CD 289
2) 2時間　　①　　②　　③　　④　　CD 290
3) 7日間　　①　　②　　③　　④　　CD 291
4) 36歳　　　①　　②　　③　　④　　CD 292
5) 来週の日曜日①　②　　③　　④　　CD 293

5. 6)～10)のような場合、中国語ではどのように言うのが最も適当か、それぞれ①～④の中から1つ選びなさい。

6) 相手に暇があるかどうかを尋ねたいとき　　CD 294
　　①　　②　　③　　④

7) 謝るとき　　　　　　　　　　　　　　　　CD 295
　　①　　②　　③　　④

8) 相手の出身地を尋ねたいとき　　　　　　　CD 296
　　①　　②　　③　　④

9) 相手の国籍を尋ねたいとき　　　　　　　　CD 297
　　①　　②　　③　　④

10) 食べ物を食べたとき　　　　　　　　　　 CD 298
　　①　　②　　③　　④

解 答

1

1. 1) ③ 2) ① 3) ② 4) ③ 5) ①

2. 6) **① qìchē** ② jìzhě ③ qíchē ④ jǐchē
   7) ① lǎoshī ② lǎoshi ③ lǎosǐ **④ lǎoshǔ**
   8) ① huànyǐng **② huānyíng** ③ huángyīng ④ huángli
   9) ① luǒlù **② lǎolù** ③ róngrǔ ④ rúchū
   10) **① háizi** ② hézi ③ fèishí ④ fēizi

3. 11) ① 上个月 shàng ge yuè（先月） ② 这个月 zhège yuè（今月）
       ③ 下个月 xià ge yuè（来月） ④ 两个月 liǎng ge yuè（2か月）
   12) ① 早上 zǎoshang（朝） **② 晚上 wǎnshang（夜）**
       ③ 中午 zhōngwǔ（正午） ④ 下午 xiàwǔ（午後）
   13) ① 电话 diànhuà（電話） ② 电影 diànyǐng（映画）
       ③ 电视 diànshì（テレビ） ④ 点菜 diǎn cài（料理を注文する）
   14) ① 奶奶 nǎinai（父方の祖母） ② 姐姐 jiějie（姉）
       ③ 哥哥 gēge（兄） **④ 爷爷 yéye（父方の祖父）**
   15) **① 朋友 péngyou（友達）** ② 同学 tóngxué（同級生）
       ③ 同事 tóngshì（会社の同僚） ④ 同屋 tóngwū（ルームメイト）

2

4. 1) ① 二零七三年 èr líng qī sān nián（2073年）
       ② 十三年 shísān nián（13年間）
       ③ 两千年 liǎngqiān nián（2000年／2000年間）
       ④ 二零一三年 èr líng yī sān nián（2013年）
   2) ① 两点 liǎng diǎn（2時）
       ② 两个小时 liǎng ge xiǎoshí（2時間）
       ③ 商店 shāngdiàn（商店）
       ④ 二十点 èrshí diǎn（20時）
   3) ① 七日 qī rì（7日）
       ② 七号 qī hào（7日）
       ③ 七天 qī tiān（7日間）
       ④ 起床 qǐ chuáng（起床する）

4) ❶ 三十六岁 sānshiliù suì（36歳）
② 三个人 sān ge rén（3人）
③ 散步 sànbù（散歩する）
④ 三个星期 sān ge xīngqī（3週間）
5) ① 上星期日 shàng xīngqīrì（先週の日曜日）
❷ 下星期天 xià xīngqītiān（来週の日曜日）
③ 上个月 shàng ge yuè（先月）
④ 下个月 xià ge yuè（来月）

5. 6) ① 你几点来？ Nǐ jǐ diǎn lái?（あなたは何時に来ますか）
❷ 你有时间吗？ Nǐ yǒu shíjiān ma?（あなたは時間がありますか）
③ 我没有时间。 Wǒ méi yǒu shíjiān.（私は時間がありません）
④ 什么事？ Shénme shì?（何の用？）
7) ① 欢迎欢迎！ Huānyíng huānyíng!（ようこそいらっしゃいませ）
② 没关系！ Méi guānxi!（大丈夫です／構いません）
❸ 对不起！ Duìbuqǐ!（ごめんなさい）
④ 怎么了？ Zěnme le?（どうしたの？）
8) ① 你在哪儿？ Nǐ zài nǎr?（あなたはどこにいますか）
② 你是谁？ Nǐ shì shéi?（あなたは誰ですか）
③ 你知道吗？ Nǐ zhīdao ma?（あなたは知っていますか）
❹ 你是哪儿人？ Nǐ shì nǎr rén?（あなたはどこの人（出身）ですか）
9) ❶ 你是哪国人？ Nǐ shì nǎ guó rén?（あなたはどこの国の人ですか）
② 你家有几口人？ Nǐ jiā yǒu jǐ kǒu rén?
　　　　　　　　（あなたの家は何人家族ですか）
③ 你住哪儿？ Nǐ zhù nǎr?（あなたはどこに住んでいますか）
④ 我是日本人。 Wǒ shì Rìběnrén.（私は日本人です）
10) ① 很好喝。 Hěn hǎohē.（（飲み物が）おいしい）
② 很麻烦。 Hěn máfan.（面倒だ）
❸ 很好吃。 Hěn hǎochī.（（食べ物が）おいしい）
④ 很难。 Hěn nán.（難しい）

単語トレーニング
筆記単語ピンイン問題模擬テスト

ピンイン表記を正確に覚えているかどうかチェックしましょう。

①〜⑳の中国語の正しいピンイン表記を、【　】の中から選びなさい。
音声はありません。音声に頼らず、正しいピンイン表記を選んでください。

① 走 （歩く）　　　【 cuǒ　　cǒu　　zǒu　　zuǒ 】
② 冷 （寒い）　　　【 liǎng　lěng　lǒng　rǎng 】
③ 热 （暑い）　　　【 rè　　lè　　rù　　lǜ 】
④ 买 （買う）　　　【 māi　mǎi　mài　mái 】
⑤ 听 （聞く）　　　【 tīng　tìng　dīng　dìng 】
⑥ 喝 （飲む）　　　【 hē　　hé　　hū　　hú 】
⑦ 吃 （食べる）　　【 cī　　qī　　tī　　chī 】
⑧ 多 （多い）　　　【 dōu　duō　tuō　tōu 】
⑨ 短 （短い）　　　【 tuān　tuǎn　duǎn　duān 】
⑩ 纸 （紙）　　　　【 zǐ　　zhǐ　　jǐ　　chǐ 】
⑪ 喜欢 （好きである）【 xǐhuan　xǐhuang　xǐfan　xǐfang 】
⑫ 高兴 （うれしい）【 kāoxìng　kāoxìn　gāoxìn　gāoxìng 】
⑬ 漂亮 （美しい）　【 biǎoliang　piàoliang　biǎolian　piǎolian 】
⑭ 睡觉 （寝る）　　【 suìjiào　suíjiào　shuíjiào　shuìjiào 】
⑮ 词典 （辞書）　　【 cūdiǎn　cīdian　cídiǎn　cúdiǎn 】
⑯ 休息 （休む）　　【 xiūshi　shūshi　xiūxi　shūxi 】
⑰ 工作 （仕事）　　【 kōngzuò　kōngzòu　gōngzòu　gōngzuò 】
⑱ 便宜 （安い）　　【 biányi　piányi　piányì　biányì 】
⑲ 学习 （学習する）【 xuéxí　xiéxí　xuéxǐ　xiéxǐ 】
⑳ 上课 （授業が始まる）【 xiàngkè　shàngkù　shàngkè　xiàngkù 】

解答⇒ p169

模擬試験

リスニング

※1問につき3回ずつ収録しています。

1 1. これから読む(1)～(5)の中国語と一致するものを、それぞれ①～④の中から1つ選びなさい (10点)

(1) ① sè　② sù　③ xì　④ sì　`CD 299`

(2) ① zuò　② zòu　③ kuò　④ còu　`CD 300`

(3) ① jiē　② quē　③ qiē　④ juē　`CD 301`

(4) ① huán　② hán　③ fán　④ huáng　`CD 302`

(5) ① chǎng　② chěng　③ zhǎng　④ zhǒng　`CD 303`

2. (6)～(10)のピンイン表記と一致するものを、それぞれ①～④の中から1つ選びなさい。 (10点)

(6) chūntiān　①　②　③　④　`CD 304`

(7) dìtiě　①　②　③　④　`CD 305`

(8) érzi　①　②　③　④　`CD 306`

(9) gāngbǐ　①　②　③　④　`CD 307`

(10) Rìyǔ　①　②　③　④　`CD 308`

3. (11)～(15)の日本語を中国語で言い表す場合、最も適当なものを、それぞれ①～④の中から1つ選びなさい。 (10点)

(11) 先生　①　②　③　④　`CD 309`

(12) 明後日　①　②　③　④　`CD 310`

(13) 好きである　①　②　③　④　`CD 311`

(14) 寒い　①　②　③　④　`CD 312`

(15) 携帯電話　①　②　③　④　`CD 313`

2 1. (1)～(5)の日本語を中国語で言い表す場合、最も適当なものを、それぞれ①～④の中から1つ選びなさい。　　　　　　　　　　　　　　(10点)

(1) 305　　　　　　　　　　　　　　　　　　　　　CD 314

　　　① 　　　　② 　　　　③ 　　　　④

(2) 朝4時半　　　　　　　　　　　　　　　　　　　CD 315

　　　① 　　　　② 　　　　③ 　　　　④

(3) 後ろ側　　　　　　　　　　　　　　　　　　　　CD 316

　　　① 　　　　② 　　　　③ 　　　　④

(4) 仕事が始まる　　　　　　　　　　　　　　　　　CD 317

　　　① 　　　　② 　　　　③ 　　　　④

(5) 来月2日　　　　　　　　　　　　　　　　　　　CD 318

　　　① 　　　　② 　　　　③ 　　　　④

2. (6)～(10)のような場合、中国語ではどのように言うのが最も適当か、それぞれ①～④の中から1つ選びなさい。　　　　　　　　　　　(10点)

(6) 感謝されたとき　　　　　　　　　　　　　　　　CD 319

　　　① 　　　　② 　　　　③ 　　　　④

(7) もう一度言ってもらいたいとき　　　　　　　　　CD 320

　　　① 　　　　② 　　　　③ 　　　　④

(8) 先に帰るとき　　　　　　　　　　　　　　　　　CD 321

　　　① 　　　　② 　　　　③ 　　　　④

(9) 相手の居場所を聞くとき　　　　　　　　　　　　CD 322

　　　① 　　　　② 　　　　③ 　　　　④

(10) 別れるとき（同日に再会する場合）　　　　　　　CD 323

　　　① 　　　　② 　　　　③ 　　　　④

筆　記

3 1. (1)〜(5)の中国語の正しいピンイン表記を、それぞれ①〜④の中から1つ選びなさい。　　　　　　　　　　　　　　　　　　　　　(10点)

(1) 回　　① huì　　② huī　　③ huí　　④ huǐ

(2) 四　　① sù　　② sì　　③ xì　　④ shì

(3) 写　　① xuē　　② xié　　③ xuě　　④ xiě

(4) 好吃　① hǎocí　② hǎochì　③ hàocī　④ hǎochī

(5) 上班　① shàngbān　② shànbān　③ shànbāng　④ shàngbāng

2. (6)〜(10)の日本語の意味になるように空欄を埋めるとき、最も適当なものを、それぞれ①〜④の中から1つ選びなさい。　　　　　　(10点)

(6) 王さんは切手を10枚買いました。
　　小王买了十（　　　）邮票。
　　① 件　　② 支　　③ 本　　④ 张

(7) 私は昨日テレビを見ませんでした。
　　我昨天（　　　）看电视。
　　① 没　　② 有　　③ 不　　④ 都

(8) あなたはどんなところに行きたいですか。
　　你想去（　　　）地方？
　　① 怎么　　② 哪儿　　③ 什么　　④ 多少

(9) 明日母は父と一緒に北京へ行きます。
　　明天妈妈（　　　）爸爸一起去北京。
　　① 再　　② 跟　　③ 在　　④ 比

(10) 彼女は何という名前ですか。
　　她（　　　）什么名字？
　　① 说　　② 姓　　③ 叫　　④ 贵

3. (11)～(15)の日本語の意味に合う中国語を、それぞれ①～④の中から１つ選びなさい。 (10点)

(11) 田中さんは飛行機で北海道へ行きます。
① 田中去北海道坐飞机。
② 坐飞机田中去北海道。
③ 田中坐飞机去北海道。
④ 田中坐去北海道飞机。

(12) 兄は背があまり高くありません。
① 个子不太高哥哥。
② 哥哥不太高个子。
③ 个子哥哥不太高。
④ 哥哥个子不太高。

(13) 私の家は学校の近くにありません。
① 我家不在学校附近。
② 我家学校附近不在。
③ 学校不在附近我家。
④ 我家附近不在学校。

(14) 彼らもみなアメリカ人ですか。
① 他们都是也美国人吗？
② 他们是也都美国人吗？
③ 他们都也是美国人吗？
④ 他们也都是美国人吗？

(15) 今夜私はテレビを見ません。
① 我今天不看电视晚上。
② 我今天晚上不看电视。
③ 我不看电视今天晚上。
④ 不看今天晚上电视我。

4 1．(1)～(5)の日本語を中国語に訳したとき、下線部の日本語に当たる中国語を漢字（簡体字）で書きなさい。（漢字は崩したり略したりせずに書くこと）
(20点)

(1) a　頭が痛い

　　b　お茶を飲む。

(2) a　字を書く。

　　b　中国語は難しい。

(3) 復習する。

(4) 電話を掛ける。

(5) どこに行くの？

解答・解説

リスニング

1

1. (1) ② "zu" "cu" "su" と "zi" "ci" "si" →p98。 CD 299
   (2) ③ "-ou" と "-uo" →p122。 CD 300
   (3) ① "ü" →p114。 CD 301
   (4) ② "f" と "h" →p132。 CD 302
   (5) ④ "-ang" と "-eng" と "-ong" →p80。 CD 303

2. (6) ① qiūtiān　② jiǔ diǎn　❸ chūntiān　④ xiàtiān
   有気音と無気音②→p56、"-ian" と "-iang" →p80。 CD 304

   (7) ① dìtú　② dìfǔ　③ diēfú　❹ dìtiě
   有気音と無気音①→p46。 CD 305

   (8) ① háizi　❷ érzi　③ hézi　④ húzi
   "-e" と "-u" →p132。 CD 306

   (9) ① guānbì　❷ gāngbǐ　③ gǎngbì　④ hébìng
   "-an" と "-ang" →p72。 CD 307

   (10) ❶ Rìyǔ　② lìyú　③ rèlì　④ lǐyú
   "l" と "r" →p122。 CD 308

3. (11) ① 学生 xuésheng（学生） CD 309
        ② 姥姥 lǎolao（母方の祖母）
        ③ 姥爷 lǎoye（母方の祖父）
        ❹ 老师 lǎoshī（先生）

   (12) ① 前天 qiántiān（一昨日） CD 310
        ② 昨天 zuótiān（昨日）
        ❸ 后天 hòutiān（明後日）
        ④ 明天 míngtiān（明日）

151

(13) ① 吃饭 chī fàn（ご飯を食べる） CD 311
② **喜欢** xǐhuan（好きである）
③ 希望 xīwàng（希望する）
④ 骑车 qí chē（自転車に乗る）

(14) ① 很辣 hěn là（辛い） CD 312
② 很咸 hěn xián（塩辛い）
③ 很远 hěn yuǎn（遠い）
④ **很冷** hěn lěng（寒い）

(15) ① **手机** shǒujī（携帯電話） CD 313
② 雨衣 yǔyī（レインコート）
③ 汉语 Hànyǔ（中国語）
④ 飞机 fēijī（飛行機）

2

1.

(1) ① 三百五 sānbǎi wǔ（350） CD 314
② 三十五 sānshiwǔ（35）
③ **三百零五** sānbǎi líng wǔ（305）
④ 三千零五 sānqiān líng wǔ（3005）

"零"は「桁を飛ばす」という意味。「3005」のように間にいくつ「0」を挟んでも、"零"は1つだけ挟む。

(2) ① 早上十点半 zǎoshang shí diǎn bàn（朝10時半） CD 315
② 晚上十点半 wǎnshang shí diǎn bàn（夜10時半）
③ 下午四点半 xiàwǔ sì diǎn bàn（午後4時半）
④ **早上四点半** zǎoshang sì diǎn bàn（朝4時半）

(3) ① 前边 qiánbian（前側） CD 316
② **后边** hòubian（後ろ側）
③ 对面 duìmiàn（向かい側）
④ 左边 zuǒbian（左側）

(4) ① **上班** shàngbān（仕事が始まる／出勤する） CD 317
② 下班 xiàbān（仕事が終わる／退勤する）
③ 加班 jiābān（残業する）
④ 上课 shàngkè（授業が始まる）

(5) ① **这个月的二号** zhège yuè de èr hào（今月2日）
　　② **上个月的二号** shàng ge yuè de èr hào（先月2日）
　　❸ **下个月的二号** xià ge yuè de èr hào（来月2日）
　　④ **下个月的两天** xià ge yuè de liǎng tiān（来月の2日間）
"二号"は「2日」、"两天"は「2日間」→ p61。

2.
(6) ① **不好看**。Bù hǎokàn.（きれいではない）
　　② **我回家**。Wǒ huí jiā.（私は家に帰ります）
　　③ **晚上见**。Wǎnshang jiàn.（夜会いましょう）
　　❹ **不客气**。Bú kèqi.（どういたしまして／ご遠慮なく）

(7) ① **请来我家玩儿**。Qǐng lái wǒ jiā wánr.
　　　　　　　　　　（どうぞ私の家に遊びに来てください）
　　❷ **请再说一遍**。Qǐng zài shuō yí biàn.（もう一度言ってください）
　　③ **请慢走**。Qǐng mànzǒu.（どうぞお気をつけて）
　　④ **请说汉语**。Qǐng shuō Hànyǔ.（中国語を話してください）

(8) ① **我在这里**。Wǒ zài zhèli.（私はここにいます）
　　② **你去哪儿?** Nǐ qù nǎr?（あなたはどこへ行きますか）
　　❸ **我先走了**。Wǒ xiān zǒu le.（お先に失礼します／先に行きます）
　　④ **我是东京人**。Wǒ shì Dōngjīngrén.（私は東京人(東京出身)です）

(9) ① **你吃什么?** Nǐ chī shénme?（あなたは何を食べますか）
　　❷ **你在哪儿?** Nǐ zài nǎr?（あなたはどこにいますか）
　　③ **哪儿有呢?** Nǎr yǒu ne?（どこにあるの？）
　　④ **我去看电影**。Wǒ qù kàn diànyǐng.（私は映画を見に行きます）

(10) ① **太好了**。Tài hǎo le.（よかった／すごい／やった）
　　② **我没事**。Wǒ méishì.（大丈夫です／なんでもありません）
　　❸ **回头见**。Huítóu jiàn.（あとで会いましょう）
　　④ **你来吗?** Nǐ lái ma?（あなたは来ますか）

筆 記

3

1. (1) ③ 回 huí（帰る／戻る） CD 324

   (2) ② 四 sì（4）

   (3) ④ 写 xiě（書く）

   (4) ④ 好吃 hǎochī（(食べ物が)おいしい）

   (5) ① 上班 shàngbān（仕事が始まる／出勤する）

2. CD 325

   (6) ❹ 小王买了十张邮票。Xiǎo Wáng mǎile shí zhāng yóupiào.
   平面が目立つもの、"邮票"の量詞は"张"。

   (7) ❶ 我昨天没看电视。Wǒ zuótiān méi kàn diànshì.
   動作・行為が過去になかったことを表す場合は"没（有）"→ p85。

   (8) ❸ 你想去什么地方？ Nǐ xiǎng qù shénme dìfang?
   後ろに"地方"などの名詞がある場合には「"什么"＋名詞＝どんな＋名詞」を思い出そう→ p34。

   (9) ❷ 明天妈妈跟爸爸一起去北京。
   　　　　　　　　　　　　　　Míngtiān māma gēn bàba yìqǐ qù Běijīng.
   「…と一緒に～」は介詞フレーズ"跟…一起～"→ p52。

   (10) ❸ 她叫什么名字？ Tā jiào shénme míngzi?
   "名字"＝名前（フルネーム）。人の名前（フルネーム）を尋ねるときは"叫"→ p18。

3. CD 326

   (11) ❸ 田中坐飞机去北海道。Tiánzhōng zuò fēijī qù Běihǎidào.
   連動文は動作を行う順番に→ p118。

   (12) ❹ 哥哥个子不太高。Gēge gèzi bú tài gāo.
   「兄は背が～」より主述述語文だと見分けられるように！「あまり～ない」は"不太～"。

(13) ❶ **我家不在学校附近**。Wǒ jiā bú zài xuéxiào fùjìn.

存在文ではまず主語の位置に何が置かれているかに着目しよう。「私の家（物）」が主語であることから、「物＋"在／不在"＋場所」の文型にあてはめる。

(14) ❹ **他们也都是美国人吗?** Tāmen yě dōu shì Měiguórén ma?

「〜もみな」"〜也都"は頻出の副詞→ p77。語順に注意！

(15) ❷ **我今天晚上不看电视**。Wǒ jīntiān wǎnshang bú kàn diànshì.

時間詞"今天晚上"は動詞の前、主語の前後。否定の副詞"不"があるときにはその前に置く。

4

(1) a 头 tóu → p27　　b 喝 hē → p69

(2) a 写 xiě → p103　　b 难 nán → p69

(3) 复习 fùxí
「復」は日本語と異なり"彳"はつかない。

(4) 电话 diànhuà → p55、103

(5) 哪儿 nǎr
口偏を忘れると「あそこ、そこ」の意味になってしまう。"哪里 nǎli"も正解。

模擬試験

単語トレーニング解答

P.25【単語トレーニング①】

1

①喝（飲む）hē
②书（本）shū
③看（見る）kàn
④学习（学習する）xuéxí
⑤地铁（地下鉄）dìtiě
⑥中午（正午）zhōngwǔ

2

①× a 椅子上 yǐzi shang（イスの上）　　○ b 桌子上 zhuōzi shang（机の上）
②○ a 地下 dìxià（地下）　　　　　　　× b 地上 dìshàng（地上／地面）
③○ a 楼下 lóuxià（階下）　　　　　　× b 楼上 lóushàng（階上）
④× a 下面 xiàmiàn（下の方）　　　　　○ b 上面 shàngmiàn（上の方）
⑤○ a 下楼 xià lóu（階段を下りる）　　× b 上楼 shàng lóu（階段を上る）
⑥○ a 下车 xià chē（下車する）　　　　× b 上车 shàng chē（乗車する）

3

①○ a 一个学生 yí ge xuésheng（学生1人）
　× b 一个人 yí ge rén（1人）
②○ a 两口人 liǎng kǒu rén（家族2人）
　× b 两个孩子 liǎng ge háizi（子ども2人）
③× a 三支铅笔 sān zhī qiānbǐ（鉛筆3本）
　○ b 三个朋友 sān ge péngyou（友達3人）
④× a 四个哥哥 sì ge gēge（兄4人）
　○ b 四个妹妹 sì ge mèimei（妹4人）
⑤○ a 五个妈妈 wǔ ge māma（母親5人）
　× b 五个爸爸 wǔ ge bàba（父親5人）
⑥○ a 六位客人 liù wèi kèren（6人の客）
　× b 六本书 liù běn shū（6冊の本）

P.33【単語トレーニング②】

1

①买（買う）mǎi
②写（書く）xiě
③菜（料理）cài
④睡觉（寝る）shuìjiào
⑤老师（先生）lǎoshī
⑥电话（電話）diànhuà

2

①× a 下午 xiàwǔ（午後）　　○ b 上午 shàngwǔ（午前）
②○ a 上（个）星期 shàng (ge) xīngqī（先週）
　× b 下（个）星期 xià (ge) xīngqī（来週）
③× a 下次 xià cì（次回）　　○ b 上次 shàng cì（前回）
④× a 上个月 shàng ge yuè（先月）　○ b 下个月 xià ge yuè（来月）
⑤× a 下课 xiàkè（授業が終わる）　○ b 上课 shàngkè（授業が始まる）
⑥○ a 下班 xiàbān（仕事が終わる）　× b 上班 shàngbān（仕事が始まる）

3

①× a 十四 shísì（14）　　○ b 四十四 sìshisì（44）
②○ a 一百零五 yìbǎi líng wǔ（105）　× b 一百五(十) yìbǎi wǔ (shí)（150）
※"零"は「桁を飛ばす」という意味で、3桁以上で間に「0」があるときに挟む。
③○ a 一千七（百）yìqiān qī (bǎi)（1700）
　× b 一千一（百）yìqiān yī (bǎi)（1100）
※「150」や「1700」のように、下位の桁が「0」である場合、その桁は省略できる。
④× a 两天 liǎng tiān（2日間）　○ b 两岁 liǎng suì（2歳）
⑤○ a 二十岁 èrshí suì（20歳）　× b 二十号 èrshí hào（20日）
⑥× a 十七岁 shíqī suì（17歳）　○ b 六十七岁 liùshiqī suì（67歳）

P.41【単語トレーニング③】

1

①早（早い）zǎo
②九（9）jiǔ
③是（〜である）shì
④工作（仕事）gōngzuò
⑤学校（学校）xuéxiào
⑥点心（おやつ）diǎnxin

2

①× a 爷爷 yéye（父方の祖父）　○ b 奶奶 nǎinai（父方の祖母）
②○ a 哥哥 gēge（兄）　× b 父亲 fùqin（父親）
③○ a 姐姐 jiějie（姉）　× b 弟弟 dìdi（弟）
④× a 姥姥 lǎolao（母方の祖母）　○ b 妈妈 māma（お母さん）
⑤○ a 孩子 háizi（子ども）　× b 叔叔 shūshu（叔父／おじさん）
⑥○ a 妹妹 mèimei（妹）　× b 母亲 mǔqin（母親）

3

①○ a 星期一 xīngqīyī（月曜日）　× b 星期日 xīngqīrì（日曜日）
②× a 星期四 xīngqīsì（木曜日）　○ b 星期三 xīngqīsān（水曜日）
③× a 星期六 xīngqīliù（土曜日）　○ b 星期天 xīngqītiān（日曜日）

※「日曜日」は"星期天"のほか"星期日"とも言う。

④○ a 上（个）星期二 shàng (ge) xīngqīèr（先週火曜日）
　× b 下（个）星期二 xià (ge) xīngqīèr（来週火曜日）
⑤× a 上（个）星期五 shàng (ge) xīngqīwǔ（先週金曜日）
　○ b 下（个）星期五 xià (ge) xīngqīwǔ（来週金曜日）
⑥○ a 十二个星期 shí'èr ge xīngqī（12週間）
　× b 二十个星期 èrshí ge xīngqī（20週間）

P.49【単語トレーニング④】

1

①热（暑い）rè
②纸（紙）zhǐ

③去（行く）qù
④高兴（うれしい）gāoxìng
⑤名字（名前）míngzi
⑥汉语（中国語）Hànyǔ

2

①○ a 教室 jiàoshì（教室）　×b 食堂 shítáng（食堂）
②× a 课本 kèběn（教科書）　○b 本子 běnzi（ノート）
③× a 钢笔 gāngbǐ（万年筆）　○b 词典 cídiǎn（辞書）
④○ a 学校 xuéxiào（学校）　×b 操场 cāochǎng（運動場）
⑤× a 椅子 yǐzi（椅子）　○b 桌子 zhuōzi（机）
⑥× a 体育馆 tǐyùguǎn（体育館）　○b 图书馆 túshūguǎn（図書館）

3

①○ a 昨天 zuótiān（昨日）　×b 前天 qiántiān（一昨日）
②× a 后天 hòutiān（明後日）　○b 明天 míngtiān（明日）
③○ a 今天 jīntiān（今日）　×b 今年 jīnnián（今年）
④× a 上午 shàngwǔ（午前）　○b 早上 zǎoshang（朝）
⑤○ a 中午 zhōngwǔ（正午）　×b 下午 xiàwǔ（午後）
⑥○ a 晚上 wǎnshang（夜）　×b 白天 báitiān（昼間）

P.59【単語トレーニング⑤】

1

①车（車）chē
②四（4）sì
③信（手紙）xìn
④教室（教室）jiàoshì
⑤漂亮（美しい）piàoliang
⑥喜欢（好きである）xǐhuan

2

①× a 水果 shuǐguǒ（くだもの）　○b 苹果 píngguǒ（リンゴ）
②× a 米饭 mǐfàn（ご飯）　○b 面条 miàntiáo（麺）
③○ a 饺子 jiǎozi（ギョーザ）　×b 炒饭 chǎofàn（チャーハン）

④○ a 红茶 hóngchá（紅茶）　　　× b 花茶 huāchá（花茶）
⑤○ a 啤酒 píjiǔ（ビール）　　　× b 咖啡 kāfēi（コーヒー）
⑥× a 酒 jiǔ（酒）　　　　　　　○ b 汤 tāng（スープ）

3

① ○ a 五分钟 wǔ fēn zhōng（5分間）
　× b 五点钟 wǔ diǎn zhōng（5時ちょうど）
② × a 半年 bàn nián（半年）
　○ b 半个小时 bàn ge xiǎoshí（30分間）
③ × a 三个星期 sān ge xīngqī（3週間）
　○ b 三个月 sān ge yuè（3か月）
④ ○ a 两天 liǎng tiān（2日間）
　× b 二号 èr hào（2日）
⑤ ○ a 两年 liǎng nián（2年間）
　× b 二十分钟 èrshí fēn zhōng（20分間）
⑥ × a 两点四十分 liǎng diǎn sìshí fēn（2時40分）
　○ b 二十四个小时 èrshísì ge xiǎoshí（24時間）

P.67【単語トレーニング⑥】

1

①唱（歌う）chàng　　　　　④洗澡（入浴する）xǐzǎo
②远（遠い）yuǎn　　　　　⑤词典（辞書）cídiǎn
③岁（歳）suì　　　　　　　⑥面包（パン）miànbāo

2

① × a 汽车 qìchē（自動車）　　　○ b 电车 diànchē（電車）
② × a 火车 huǒchē（汽車）　　　○ b 船 chuán（船）
③ × a 公交车 gōngjiāochē（バス）　○ b 自行车 zìxíngchē（自転車）
④ ○ a 出租车 chūzūchē（タクシー）　× b 摩托车 mótuōchē（オートバイ）

⑤ ○ a 飞机　fēijī（飛行機）　　　× b 卡车　kǎchē（トラック）
⑥ × a 高铁　gāotiě（高速鉄道）　○ b 地铁　dìtiě（地下鉄）

3

① × a 二号　èr hào（2日）
　　○ b 两点　liǎng diǎn（2時）
② ○ a 四点一刻　sì diǎn yí kè（4時15分）
　　× b 十点一刻　shí diǎn yí kè（10時15分）
③ × a 九点三十分　jiǔ diǎn sānshí fēn（9時30分）
　　○ b 六点半　liù diǎn bàn（6時半（＝6時30分））
④ ○ a 九点五十八分　jiǔ diǎn wǔshibā fēn（9時58分）
　　× b 差两分八点　chà liǎng fēn bā diǎn（7時58分（＝8時まであと2分））
⑤ × a 二十五分钟　èrshiwǔ fēn zhōng（25分間）
　　○ b 两点三刻　liǎng diǎn sān kè（2時45分）
⑥ ○ a 十二点钟　shí'èr diǎn zhōng（12時ちょうど）
　　× b 十点十二分　shí diǎn shí'èr fēn（10時12分）

P.75【単語トレーニング⑦】

1

① 听（聞く）tīng　　　　　　　④ 休息（休む）xiūxi
② 冷（寒い）lěng　　　　　　　⑤ 学生（学生）xuésheng
③ 票（切符）piào　　　　　　　⑥ 手机（携帯電話）shǒujī

2

① × a 学校　xuéxiào（学校）　　○ b 机场　jīchǎng（空港）
② ○ a 医院　yīyuàn（病院）　　× b 食堂　shítáng（食堂）
③ × a 餐厅　cāntīng（レストラン）　○ b 邮局　yóujú（郵便局）
④ ○ a 车站　chēzhàn（駅）　　× b 书店　shūdiàn（本屋）
⑤ × a 操场　cāochǎng（運動場）　○ b 银行　yínháng（銀行）

⑥ × a 百货店 bǎihuòdiàn（百貨店）　　○ b 电影院 diànyǐngyuàn（映画館）

3

① × a 二百二十块 èrbǎi èrshí kuài（220元）
　○ b 二百零二块 èrbǎi líng èr kuài（202元）

※「200」は"二百"とも"两百 liǎngbǎi"とも言う。

② ○ a 三千八百元 sānqiān bābǎi yuán（3,800元）
　× b 三千零八元 sānqiān líng bā yuán（3,008元）

③ × a 一百八十五块 yìbǎi bāshiwǔ kuài（185元）
　○ b 十八块五（毛）shíbā kuài wǔ (máo)（18.5元（＝18元5角））

※人民元の単位"元 yuán"は"块 kuài"、"角 jiǎo"は"毛 máo"と言うことが多い。なお、1元（块）＝ 10角（毛）。

④ ○ a 一千零五十日元 yìqiān líng wǔshí rìyuán（1,050円）
　× b 一千五百日元 yìqiān wǔbǎi rìyuán（1,500円）

⑤ ○ a 一万三千日元 yíwàn sānqiān rìyuán（13,000円）
　× b 一万零三十日元 yíwàn líng sānshí rìyuán（10,030円）

⑥ × a 两万五日元 liǎngwàn wǔ rìyuán（25,000円）
　○ b 二十五万日元 èrshiwǔ wàn rìyuán（250,000円）

P.83【単語トレーニング⑧】

1

① 多（多い）duō　　　　　　④ 午饭（昼ご飯）wǔfàn
② 贵（値段が高い）guì　　　⑤ 后天（明後日）hòutiān
③ 短（短い）duǎn　　　　　⑥ 电脑（パソコン）diànnǎo

2

① ○ a 手表 shǒubiǎo（腕時計）　× b 眼镜 yǎnjìng（メガネ）
② ○ a 衣服 yīfu（服）　　　　　× b 裤子 kùzi（ズボン）
③ × a 袜子 wàzi（靴下）　　　　○ b 鞋子 xiézi（靴）

④○ a 毛衣 máoyī（セーター）　　× b 内衣 nèiyī（下着）
⑤○ a 帽子 màozi（帽子）　　　　× b 衬衫 chènshān（シャツ）
⑥× a 雨衣 yǔyī（レインコート）　○ b 裙子 qúnzi（スカート）

3

① ○ a 五月四号 wǔyuè sì hào（5月4日）
　× b 五月十号 wǔyuè shí hào（5月10日）
② × a 二月九号 èryuè jiǔ hào（2月9日）
　○ b 二月七号 èryuè qī hào（2月7日）
③ × a 八月十九号 bāyuè shíjiǔ hào（8月19日）
　○ b 八月二十九号 bāyuè èrshíjiǔ hào（8月29日）
※「～日」は"～号"とも"～日 rì"とも言う。
④ ○ a 一九九七年 yī jiǔ jiǔ qī nián（1997年）
　× b 一九九一年 yī jiǔ jiǔ yī nián（1991年）
⑤ × a 二零零一年 èr líng líng yī nián（2001年）
　○ b 二零一一年 èr líng yī yī nián（2011年）
⑥ ○ a 二零一三年六月 èr líng yī sān nián liùyuè（2013年6月）
　× b 二零零三年六月 èr líng líng sān nián liùyuè（2003年6月）

P.91【単語トレーニング⑨】

1

①走（歩く）zǒu　　　　④中国（中国）Zhōngguó
②水（水）shuǐ　　　　⑤课文（本文）kèwén
③高（高い）gāo　　　　⑥东西（物）dōngxi
　　　　　　　　　　　※"dōngxī"と発音すると「東西」の意
　　　　　　　　　　　　味になる。

2

①○ a 白色 báisè（白）　　　　× b 灰色 huīsè（灰色）
②× a 彩色 cǎisè（カラーの／多色の）　○ b 黄色 huángsè（黄色）
③× a 紫色 zǐsè（紫）　　　　○ b 红色 hóngsè（赤）

④◯ a 绿色 lǜsè（緑）　　　× b 金色 jīnsè（金色）
⑤× a 颜色 yǎnsè（色）　　　◯ b 蓝色 lánsè（青）
⑥◯ a 黑色 hēisè（黒）　　　× b 粉色 fěnsè（ピンク）

3

①◯ a 一杯茶 yì bēi chá（お茶1杯）
　× b 一碗汤 yì wǎn tāng（スープ1杯）
②◯ a 两碗米饭 liǎng wǎn mǐfàn（ご飯2杯）
　× b 两个炒饭 liǎng ge chǎofàn（チャーハン2つ）
③× a 三盘饺子 sān pán jiǎozi（ギョーザ3皿）
　◯ b 三个菜 sān ge cài（料理3品）
④◯ a 四张地图 sì zhāng dìtú（地図4枚）
　× b 四张照片 sì zhāng zhàopiàn（写真4枚）
⑤× a 五本书 wǔ běn shū（本5冊）
　◯ b 五支笔 wǔ zhī bǐ（ペン5本）
⑥× a 六张桌子 liù zhāng zhuōzi（机6台）
　◯ b 六把椅子 liù bǎ yǐzi（イス6脚）

P.101【単語トレーニング⑩】

1

①站（立つ）zhàn　　　　④留学（留学する）liúxué
②说（話す）shuō　　　　⑤公司（会社）gōngsī
③飞（飛ぶ）fēi　　　　　⑥方便（便利である）fāngbiàn

2

①◯ a 吃饭 chī fàn（ご飯を食べる）　× b 吃药 chī yào（薬をのむ）
②× a 做菜 zuò cài（料理を作る）　　◯ b 吃菜 chī cài（料理を食べる）
③× a 买点心 mǎi diǎnxin（おやつを買う）
　◯ b 吃点心 chī diǎnxin（おやつを食べる）

④◯ a 喝茶 hē chá（お茶を飲む）

　× b 喝水 hē shuǐ（水を飲む）

⑤× a 喝果汁 hē guǒzhī（ジュースを飲む）

　◯ b 喝咖啡 hē kāfēi（コーヒーを飲む）

⑥◯ a 喝酒 hē jiǔ（酒を飲む）

　× b 喝汤 hē tāng（スープを飲む）

3

①◯ a 十五分钟 shíwǔ fēn zhōng（15分間）

　× b 四、五分钟 sì,wǔ fēn zhōng（4、5分間）

②◯ a 两点 liǎng diǎn（2時）　　× b 两天 liǎng tiān（2日間）

③× a 六点 liù diǎn（6時）　　◯ b 六天 liù tiān（6日間）

④◯ a 七个星期 qī ge xīngqī（7週間）× b 几个星期 jǐ ge xīngqī（何週間）

⑤◯ a 九个月 jiǔ ge yuè（9か月）　× b 这个月 zhège yuè（今月）

⑥◯ a 十年 shí nián（10年間）　　× b 四年 sì nián（4年間）

P.109【単語トレーニング⑪】

1

① 话（話）huà　　　　　　④ 便宜（安い）piányi

② 人（人）rén　　　　　　⑤ 作业（宿題）zuòyè

③ 忙（忙しい）máng　　　⑥ 身体（体）shēntǐ

2

①◯ a 上学 shàngxué（学校へ通う）　× b 上班 shàngbān（出勤する）

②× a 写名字 xiě míngzi（名前を書く）◯ b 写作业 xiě zuòyè（宿題をする）

③◯ a 看报 kàn bào（新聞を読む）　× b 见面 jiànmiàn（会う）

④◯ a 骑自行车 qí zìxíngchē（自転車に乗る）

　× b 开车 kāichē（車を運転する）

⑤× a 写信 xiě xìn（手紙を書く）　◯ b 寄信 jì xìn（手紙を出す）

⑥× a 留学　liúxué（留学する）　　○ b 旅行　lǚxíng（旅行する）

3

① ○ a 一天半　yì tiān bàn（1日半）
　× b 一杯半　yì bēi bàn（1杯半）
② × a 两个晚上　liǎng ge wǎnshang（2晩）
　○ b 两个半月　liǎng ge bàn yuè（2か月半）
③ ○ a 三年半　sān nián bàn（3年半）
　× b 半年多　bàn nián duō（半年あまり）
④ × a 十点半　shí diǎn bàn（10時半）
　○ b 四点半　sì diǎn bàn（4時半）
⑤ × a 五十八个小时　wǔshibā ge xiǎoshí（58時間）
　○ b 五个半小时　wǔ ge bàn xiǎoshí（5時間半）
⑥ ○ a 一半　yíbàn（半分）
　× b 一个　yí ge（1個）

P.117【単語トレーニング⑫】

1

① 吃（食べる）chī
② 回（戻る／帰る）huí
③ 时（時／時間）shí
④ 参加（参加する）cānjiā
⑤ 房间（部屋）fángjiān
⑥ 本子（ノート）běnzi

2

① × a 看风景　kàn fēngjǐng（風景を見る）
　○ b 看电影　kàn diànyǐng（映画を見る）
② ○ a 看电视　kàn diànshì（テレビを見る）
　× b 看比赛　kàn bǐsài（試合を見る）
③ × a 学英语　xué Yīngyǔ（英語を勉強する）
　○ b 学外语　xué wàiyǔ（外国語を勉強する）

④ ○ a 听音乐 tīng yīnyuè（音楽を聞く）
　× b 听汉语 tīng Hànyǔ（中国語を聞く）
⑤ ○ a 买衣服 mǎi yīfu（洋服を買う）
　× b 买铅笔 mǎi qiānbǐ（鉛筆を買う）
⑥ × a 打棒球 dǎ bàngqiú（野球をする）
　○ b 打网球 dǎ wǎngqiú（テニスをする）

3

① × a 二零零四年 èr líng líng sì nián（2004年）
　○ b 二零一四年 èr líng yī sì nián（2014年）
② × a 四十年 sìshí nián（40年間）
　○ b 十四年 shísì nián（14年間）
③ × a 六点六分 liù diǎn liù fēn（6時6分）
　○ b 六月六日 liùyuè liù rì（6月6日）
④ ○ a 七个月 qī ge yuè（7か月）
　× b 七月 qīyuè（7月）
⑤ × a 四点五分 sì diǎn wǔ fēn（4時5分）
　○ b 四、五天 sì、wǔ tiān（4、5日）
⑥ × a 十二、三个小时 shí'èr、sān ge xiǎoshí（12、3時間）
　○ b 两、三个小时 liǎng、sān ge xiǎoshí（2、3時間）

P.125【単語トレーニング⑬】

1

①姓（苗字／〜という）xìng　　④电影（映画）diànyǐng
②都（みな／すべて）dōu　　　⑤厕所（トイレ）cèsuǒ
③叫（〜という／呼ぶ）jiào　　⑥水果（くだもの）shuǐguǒ

2

① × a 很慢 hěn màn（遅い）　　○ b 很快 hěn kuài（速い）

②× a 很短 hěn duǎn（短い）　　○ b 很长 hěn cháng（長い）
③○ a 很难 hěn nán（難しい）　　× b 不错 búcuò（良い）
④× a 很贵 hěn guì（(値段が)高い）　○ b 很便宜 hěn piányi（(値段が)安い）
⑤○ a 很方便 hěn fāngbiàn（便利である）
　　× b 很干净 hěn gānjìng（清潔である）
⑥× a 很近 hěn jìn（近い）　　○ b 很远 hěn yuǎn（遠い）

3

①○ a 两次 liǎng cì（2回）
　　× b 上次 shàng cì（前回）
②× a 三次 sān cì（3回）
　　○ b 第三次 dì sān cì（3回目）
③○ a 四个月后 sì ge yuè hòu（4か月後）
　　× b 四个月前 sì ge yuè qián（4か月前）
④× a 五天后 wǔ tiān hòu（5日後）　○ b 五天前 wǔ tiān qián（5日前）
⑤○ a 第六课 dì liù kè（第6課）　× b 第六页 dì liù yè（6ページ目）
⑥○ a 第七天 dì qī tiān（7日目）　× b 星期天 xīngqītiān（日曜日）

P.135【単語トレーニング⑭】

1

①再（再び）zài　　　　④汽车（自動車）qìchē
②长（長い）cháng　　　⑤照片（写真）zhàopiàn
③笔（筆／ペン）bǐ　　　⑥游泳（泳ぐ）yóuyǒng

2

①○ a 很冷 hěn lěng（寒い）　　× b 很累 hěn lèi（疲れる）
②× a 很饿 hěn è（空腹である）　○ b 很热 hěn rè（暑い）
③× a 很辛苦 hěn xīnkǔ（苦労する・つらい）
　　○ b 很漂亮 hěn piàoliang（美しい）

④○ a 很认真 hěn rènzhēn（真面目である）
　× b 很凉快 hěn liángkuai（涼しい）
⑤× a 很困 hěn kùn（眠い）
　○ b 很忙 hěn máng（忙しい）
⑥× a 很好喝 hěn hǎohē（(飲み物が)おいしい）
　○ b 很好吃 hěn hǎochī（(食べ物が)おいしい）

3

①× a 酒店 jiǔdiàn（ホテル）　　　○ b 九点 jiǔ diǎn（9時）
②○ a 汽车 qìchē（車（自動車））　× b 骑车 qí chē（自転車に乗る）
③× a 下课 xiàkè（授業が終わる）　○ b 上课 shàngkè（授業が始まる）
④○ a 下午 xiàwǔ（午後）　　　× b 上午 shàngwǔ（午前）
⑤○ a 明天 míngtiān（明日）　　× b 每天 měi tiān（毎日）
⑥× a 韩语 Hányǔ（韓国語）　　○ b 汉语 Hànyǔ（中国語）

P.144【筆記単語ピンイン問題模擬テスト】

①走（歩く）zǒu
②冷（寒い）lěng
③热（暑い）rè
④买（買う）mǎi
⑤听（聞く）tīng
⑥喝（飲む）hē
⑦吃（食べる）chī
⑧多（多い）duō
⑨短（短い）duǎn
⑩纸（紙）zhǐ
⑪喜欢（好きである）xǐhuan
⑫高兴（うれしい）gāoxìng
⑬漂亮（美しい）piàoliang
⑭睡觉（寝る）shuìjiào
⑮词典（辞書）cídiǎn
⑯休息（休む）xiūxi
⑰工作（仕事）gōngzuò
⑱便宜（安い）piányi
⑲学习（学習する）xuéxí
⑳上课（授業が始まる）shàngkè

準4級　頻出単語

準4級試験で、過去に出題された単語の中から、とくに頻出の単語180個を厳選しました。中国語を学習していくうえで、基本中の基本となる単語です。音声をよく聞きながら、正しいピンイン表記とともにしっかり覚えましょう。

数字　CD 327

☐ 1	一 yī		☐ 11	十一 shíyī
☐ 2	二 èr		☐ 12	十二 shí'èr
☐ 3	三 sān		☐ 13	十三 shísān
☐ 4	四 sì		☐ 14	十四 shísì
☐ 5	五 wǔ		☐ 15	十五 shíwǔ
☐ 6	六 liù		☐ 16	十六 shíliù
☐ 7	七 qī		☐ 17	十七 shíqī
☐ 8	八 bā		☐ 18	十八 shíbā
☐ 9	九 jiǔ		☐ 19	十九 shíjiǔ
☐ 10	十 shí		☐ 20	二十 èrshí

年月日・値段など　CD 328

☐ 2013年	二零一三年 èr líng yī sān nián		☐ 月曜日	星期一 xīngqīyī
☐ 1月1日	一月一号 yīyuè yī hào		☐ 日曜日	星期天 xīngqītiān

☐ 2時5分	两点五分 liǎng diǎn wǔ fēn		☐ 2か月	两个月 liǎng ge yuè
☐ 4時半	四点半 sì diǎn bàn		☐ 100元	一百块 yìbǎi kuài
☐ 1時間	一个小时 yí ge xiǎoshí		☐ 2000元	两千块 liǎngqiān kuài
☐ 1日	一天 yì tiān		☐ 2歳	两岁 liǎng suì
☐ 1週間	一个星期 yí ge xīngqī			

人の呼び方　　CD 329

☐ おじいさん	爷爷 yéye		☐ お姉さん	姐姐 jiějie
☐ おばあさん	奶奶 nǎinai		☐ 妹	妹妹 mèimei
☐ お父さん	爸爸 bàba		☐ 子ども	孩子 háizi
☐ お母さん	妈妈 māma		☐ 友達	朋友 péngyou
☐ 父親	父亲 fùqin		☐ 先生	老师 lǎoshī
☐ 母親	母亲 mǔqin		☐ 学生	学生 xuésheng
☐ お兄さん	哥哥 gēge		☐ 同級生	同学 tóngxué
☐ 弟	弟弟 dìdi		☐ みんな	大家 dàjiā

時間・季節　　CD 330

☐ 一昨年	前年 qiánnián		☐ 来年	明年 míngnián
☐ 去年	去年 qùnián		☐ 再来年	后年 hòunián
☐ 今年	今年 jīnnián		☐ 春	春天 chūntiān

☐ 夏	夏天 xiàtiān	☐ 朝	早上 zǎoshang
☐ 秋	秋天 qiūtiān	☐ 午前	上午 shàngwǔ
☐ 冬	冬天 dōngtiān	☐ 正午（昼）	中午 zhōngwǔ
☐ おととい	前天 qiántiān	☐ 午後	下午 xiàwǔ
☐ きのう	昨天 zuótiān	☐ 夜	晚上 wǎnshang
☐ きょう	今天 jīntiān	☐ 先月	上个月 shàng ge yuè
☐ あした	明天 míngtiān	☐ 来月	下个月 xià ge yuè
☐ あさって	后天 hòutiān	☐ 先週	上（个）星期 shàng (ge) xīngqī
☐ 毎日	每天 měi tiān	☐ 来週	下（个）星期 xià (ge) xīngqī

国名・地名　　　　　　　　　　　　　　CD 331

☐ 中国	中国 Zhōngguó	☐ 北京	北京 Běijīng
☐ 日本	日本 Rìběn	☐ 上海	上海 Shànghǎi
☐ アメリカ	美国 Měiguó	☐ 東京	东京 Dōngjīng

乗り物　　　　　　　　　　　　　　　　CD 332

☐ 飛行機	飞机 fēijī	☐ 地下鉄	地铁 dìtiě
☐ 電車	电车 diànchē	☐ 自動車	汽车 qìchē
☐ 汽車	火车 huǒchē	☐ 自転車	自行车 zìxíngchē

食べ物・飲み物　　CD 333

☐ パン	面包 miànbāo	☐ 朝ご飯	早饭 zǎofàn
☐ 麺	面条 miàntiáo	☐ 昼ご飯	午饭 wǔfàn
☐ ご飯	米饭 mǐfàn	☐ コーヒー	咖啡 kāfēi

学校・勉強関係　　CD 334

☐ 学校	学校 xuéxiào	☐ 教科書	课本 kèběn
☐ 図書館	图书馆 túshūguǎn	☐ 教科書の本文	课文 kèwén
☐ 教室	教室 jiàoshì	☐ ノート	本子 běnzi
☐ 中国語	汉语 Hànyǔ	☐ 宿題	作业 zuòyè
☐ 辞書	词典 cídiǎn	☐ テスト	考试 kǎoshì
☐ 机	桌子 zhuōzi	☐ 問題	问题 wèntí
☐ えんぴつ	铅笔 qiānbǐ		

建物・施設　　CD 335

☐ 駅	车站 chēzhàn	☐ 本屋	书店 shūdiàn
☐ 店	商店 shāngdiàn	☐ ホテル	饭店 fàndiàn
☐ 公園	公园 gōngyuán	☐ トイレ	厕所 cèsuǒ
☐ 郵便局	邮局 yóujú	☐ 部屋	房间 fángjiān
☐ 病院	医院 yīyuàn		

その他の名詞　　　CD 336

□ テレビ	电视 diànshì		□ 新聞	报纸 bàozhǐ
□ パソコン	电脑 diànnǎo		□ 雑誌	杂志 zázhì
□ 電話	电话 diànhuà		□ 仕事	工作 gōngzuò
□ 映画	电影 diànyǐng		□ 会社	公司 gōngsī
□ 携帯電話	手机 shǒujī		□ お金	钱 qián
□ 腕時計	手表 shǒubiǎo		□ 薬	药 yào
□ 物	东西 dōngxi		□ 写真	照片 zhàopiàn
□ 名前	名字 míngzi		□ ニュース	新闻 xīnwén

いろいろな動作（動詞）　　　CD 337

□ 食べる	吃 chī		□ 書く	写 xiě
□ ご飯を食べる	吃饭 chī fàn		□ 手紙を書く	写信 xiě xìn
□ 飲む	喝 hē		□ 行く	去 qù
□ お茶を飲む	喝茶 hē chá		□ 歩く／離れる	走 zǒu
□ 見る／読む	看 kàn		□ 打つ	打 dǎ
□ 本を読む	看书 kàn shū		□ 聴く	听 tīng
□ 座る／乗る	坐 zuò		□ 買う	买 mǎi
□ 車に乗る	坐车 zuò chē		□ 話す	说 shuō
□ 車を運転する	开车 kāichē		□ 尋ねる	问 wèn

□ 好きである	喜欢 xǐhuan	□ 練習する	练习 liànxí
□ 知っている	知道 zhīdao	□ 帰宅する	回家 huí jiā
□ 旅行する	旅行 lǚxíng	□ 料理をする	做菜 zuò cài
□ 泳ぐ	游泳 yóuyǒng	□ 入浴する	洗澡 xǐzǎo
□ 休む	休息 xiūxi	□ 寝る	睡觉 shuìjiào
□ 勉強する	学习 xuéxí		

形容詞・副詞　　(CD 338)

□ 暑い	热 rè	□ きれい	好看 hǎokàn
□ 寒い	冷 lěng	□ 美しい	漂亮 piàoliang
□ 涼しい	凉快 liángkuai	□ 難しい	难 nán
□ 遠い	远 yuǎn	□ 多い	多 duō
□ 近い	近 jìn	□ 真面目である	认真 rènzhēn
□ 短い	短 duǎn	□ 良い	不错 búcuò
□ 長い	长 cháng	□ 清潔である	干净 gānjìng
□ （値段が）高い	贵 guì	□ 便利である	方便 fāngbiàn
□ （値段が）安い	便宜 piányi	□ 気持ちいい	舒服 shūfu
□ うれしい	高兴 gāoxìng	□ 一緒に	一起 yìqǐ
□ おいしい	好吃 hǎochī	□ 全部で	一共 yígòng

本書および付属 CD-ROM、音声ダウンロード等に関するお問合せはこちらまで

アスクユーザーサポートセンター
http://www.ask-support.com/

電話：03-3267-6500（土日祝を除く 10：00～12：00、13：00～17：00）
FAX：03-3267-6868

著者プロフィール
●長澤文子（ながさわ　ふみこ）
東京理科大学理工学部卒業。同大学専門職大学院イノベーション研究科修了。外資系製薬会社などに勤務。その後日中学院本科から北京師範大学に留学。帰国後、「中国有色金属進出口公司」日本事務所で貿易業務に従事しながら通訳案内士資格を取得。技術翻訳・通訳・ナレーターを務める。現在、日中学院講師。

●盧尤（ろ　ゆう）
中国・昆明出身。国立上海華東師範大学中国文学部卒業。東京学芸大学大学院修了。「昆明日報」記者を経て、現在東京学芸大学、大妻女子大学、獨協大学講師、日中学院講師。中国語翻訳等も手がけている。

出るとこだけ！　中国語検定準 4 級　合格一直線

2013 年 10 月 9 日　初版　第 1 刷
2017 年 10 月 6 日　　　　第 3 刷

著者	長澤文子・盧尤
	© 2013 by Fumiko Nagasawa and You Lu
イラスト	小澤光恵
ナレーション	胡興智・李洵・高野涼子
装丁デザイン	岡崎裕樹
本文デザイン・DTP・印刷・製本	倉敷印刷株式会社
スタジオ収録	有限会社スタジオグラッド
CD-ROM 制作	株式会社東京録音
発行	株式会社アスク出版
	〒162-8558　東京都新宿区下宮比町 2-6
	電話　03-3267-6866（編集）
	03-3267-6864（販売）
	FAX　03-3267-6867
	http://www.ask-digital.co.jp/
発行人	天谷修平

価格はカバーに表示してあります。許可なしに転載、複製することを禁じます。
落丁本、乱丁本はお取り替えいたします。
ISBN 978-4-87217-864-7　Printed in Japan